Les 100 plus beaux lieux de Paris

The 100 most beautiful places in Paris

Textes / Texts : Francis Lecompte
Photographies / Photographs : Bernard Ladoux

massin

Sommaire / Summary

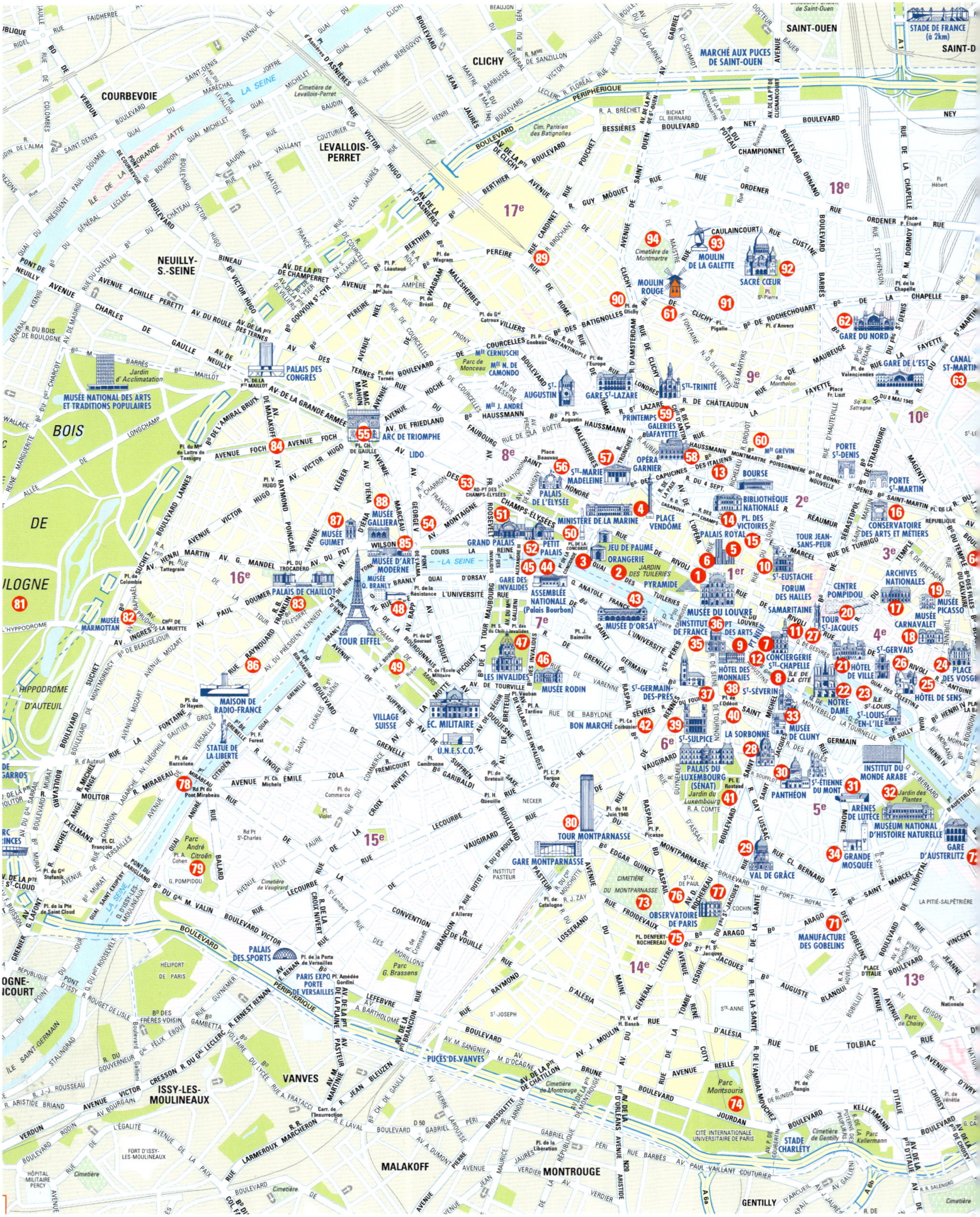
STADE DE FRANCE (à 2km)
SAINT-OUEN
SAINT-D
MARCHÉ AUX PUCES DE SAINT-OUEN
CLICHY
COURBEVOIE
LA SEINE
LEVALLOIS-PERRET
PÉRIPHÉRIQUE
17e
18e
NEUILLY-S.-SEINE
MOULIN DE LA GALETTE
SACRÉ CŒUR
MOULIN ROUGE
Cimetière de Montmartre
GARE DU NORD
GARE DE L'EST
CANAL ST-MARTIN
PALAIS DES CONGRÈS
MUSÉE NATIONAL DES ARTS ET TRADITIONS POPULAIRES
Jardin d'Acclimatation
BOIS DE BOULOGNE
ARC DE TRIOMPHE
Mée CERNUSCHI
Mée N. DE CAMONDO
Mée J. ANDRÉ
St-AUGUSTIN
GARE St-LAZARE
Ste-TRINITÉ
9e
10e
PRINTEMPS
GALERIES LAFAYETTE
OPÉRA GARNIER
Mée GRÉVIN
PORTE St-DENIS
PORTE St-MARTIN
8e
Ste-MARIE MADELEINE
PALAIS DE L'ÉLYSÉE
BOURSE
BIBLIOTHÈQUE NATIONALE
2e
MINISTÈRE DE LA MARINE
PLACE VENDÔME
PL. DES VICTOIRES
PALAIS ROYAL
CONSERVATOIRE DES ARTS ET MÉTIERS
TOUR JEAN-SANS-PEUR
3e
MUSÉE GALLIERA
MUSÉE GUIMET
GRAND PALAIS
PETIT PALAIS
JEU DE PAUME
ORANGERIE
JARDIN DES TUILERIES
PYRAMIDE
1er
St-EUSTACHE
FORUM DES HALLES
CENTRE POMPIDOU
ARCHIVES NATIONALES
MUSÉE PICASSO
16e
MUSÉE D'ART MODERNE
MUSÉE Q. BRANLY
PALAIS DE CHAILLOT
GARE DES INVALIDES
ASSEMBLÉE NATIONALE (Palais Bourbon)
MUSÉE DU LOUVRE
SAMARITAINE
TOUR St-JACQUES
MUSÉE CARNAVALET
MUSÉE MARMOTTAN
TOUR EIFFEL
7e
MUSÉE D'ORSAY
INSTITUT DE FRANCE
PT DES ARTS
CONCIERGERIE
Ste-CHAPELLE
HÔTEL DE VILLE
St-GERVAIS
PLACE DES VOSGES
4e
LES INVALIDES
MUSÉE RODIN
HÔTEL DES MONNAIES
ILE DE LA CITÉ
NOTRE-DAME
ILE St-LOUIS
HÔTEL DE SENS
HIPPODROME D'AUTEUIL
MAISON DE RADIO-FRANCE
ÉC. MILITAIRE
VILLAGE SUISSE
U.N.E.S.C.O.
St-GERMAIN-DES-PRÉS
St-SÉVERIN
BON MARCHÉ
St-SULPICE
LA SORBONNE
MUSÉE DE CLUNY
6e
STATUE DE LA LIBERTÉ
PALAIS DU LUXEMBOURG (SÉNAT)
Jardin du Luxembourg
PANTHÉON
St-ÉTIENNE DU MONT
INSTITUT DU MONDE ARABE
ARÈNES DE LUTÈCE
Jardin des Plantes
MUSEUM NATIONAL D'HISTOIRE NATURELLE
5e
15e
Parc André Citroën
TOUR MONTPARNASSE
GARE MONTPARNASSE
INSTITUT PASTEUR
VAL DE GRÂCE
GRANDE MOSQUÉE
GARE D'AUSTERLITZ
CIMETIÈRE DU MONTPARNASSE
OBSERVATOIRE DE PARIS
MANUFACTURE DES GOBELINS
14e
13e
PALAIS DES SPORTS
PARIS EXPO PORTE DE VERSAILLES
Parc G. Brassens
HÉLIPORT DE PARIS
PUCES DE VANVES
Parc Montsouris
CITÉ INTERNATIONALE UNIVERSITAIRE DE PARIS
STADE CHARLETY
ISSY-LES-MOULINEAUX
VANVES
MALAKOFF
MONTROUGE
GENTILLY

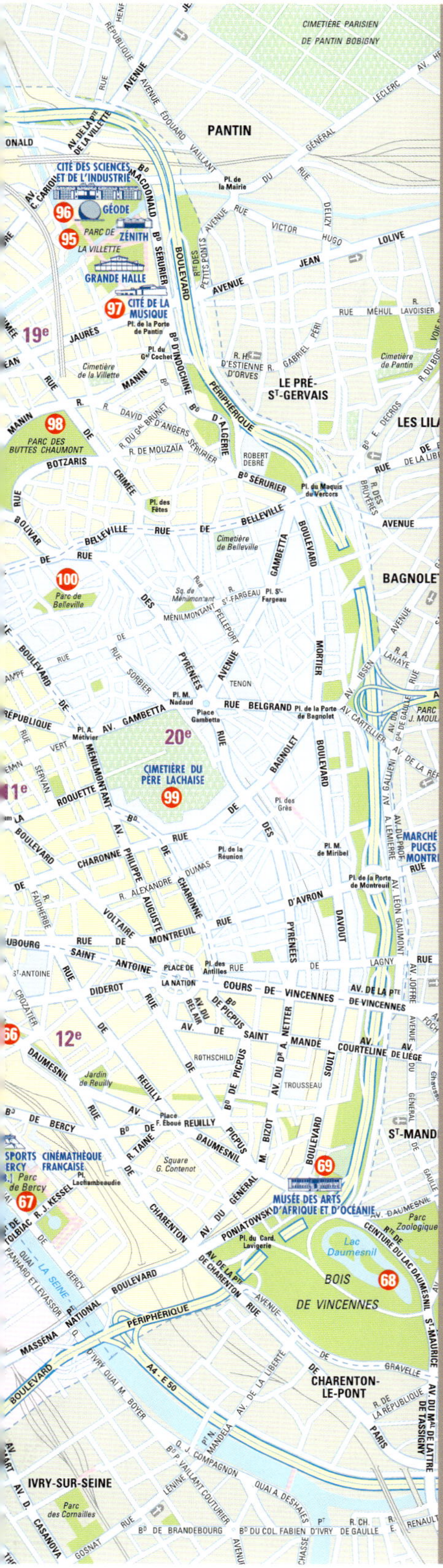

1. Le Louvre
2. Le jardin des Tuileries
3. L'Orangerie
4. La place Vendôme
5. Le Palais-Royal
6. La Comédie-Française
7. La Conciergerie
8. La Sainte-Chapelle
9. Le Pont-Neuf
10. L'église Saint-Eustache
11. La place du Châtelet
12. La place Dauphine
13. L'Opéra-Comique
14. La galerie Vivienne
15. La place des Victoires
16. Le Conservatoire des arts et métiers
17. Les Archives nationales
18. Le musée Carnavalet
19. Le musée Picasso
20. Le centre Georges-Pompidou
21. L'Hôtel de Ville
22. La cathédrale Notre-Dame
23. Les quais de l'île Saint-Louis
24. La place des Vosges
25. L'hôtel de Sully
26. L'église Saint-Paul
27. La tour Saint-Jacques
28. La Sorbonne
29. L'église du Val-de-Grâce
30. Le Panthéon
31. Les arènes de Lutèce
32. Le Jardin des plantes
33. Le musée de Cluny
34. La grande mosquée de Paris
35. L'Institut de France
36. Le pont des Arts
37. La place Saint-Germain-des-Prés
38. Le carrefour de Buci
39. L'église Saint-Sulpice
40. Le théâtre de l'Odéon
41. Le jardin du Luxembourg et le Sénat
42. L'hôtel Lutetia
43. Le musée d'Orsay
44. L'Assemblée nationale
45. Le pont Alexandre-III
46. Le musée Rodin
47. L'hôtel des Invalides
48. Le musée du quai Branly
49. Le parc du Champ-de-Mars et la Tour Eiffel
50. La place de la Concorde
51. Le Grand Palais
52. Le Petit Palais
53. L'avenue des Champs-Élysées
54. Le théâtre des Champs-Élysées
55. L'arc de triomphe de l'Étoile
56. Le palais de l'Élysée
57. L'église de la Madeleine
58. L'Opéra Garnier
59. Le quartier des Grands magasins
60. Les Grands Boulevards
61. La place Pigalle et le Moulin-Rouge
62. La gare du Nord
63. Le canal Saint-Martin
64. Le cirque d'hiver
65. La place de la Bastille
66. Le viaduc des Arts et la coulée verte
67. Le parc de Bercy
68. Le bois de Vincennes
69. La Cité nationale de l'histoire de l'immigration
70. La bibliothèque François-Mitterrand
71. La manufacture des Gobelins
72. La Cité de la mode et du design
73. Le cimetière du Montparnasse
74. Le parc Montsouris
75. Les catacombes
76. La fondation Cartier
77. L'Observatoire
78. Le pont Mirabeau
79. Le parc André-Citroën
80. La tour Montparnasse
81. Le bois de Boulogne
82. Le musée Marmottan-Monet
83. Le palais de Chaillot
84. L'avenue Foch
85. Le palais de Tokyo
86. La maison de Balzac
87. Le musée Guimet
88. Le palais Galliera
89. Le square des Batignolles
90. La place de Clichy et le café Wepler
91. La place des Abbesses
92. Le Sacré-Cœur
93. L'avenue Junot
94. Le cimetière Montmartre
95. Le bassin et le parc de la Villette
96. La Géode
97. La Cité de la musique
98. Le parc des Buttes-Chaumont
99. Le cimetière du Père-Lachaise
100. Le parc de Belleville

❶ LE LOUVRE

« Louvre, palais pompeux dont la France s'honore... » Voltaire (1749).

« The Louvre, a pompous palace with which France honours herself... » Voltaire (1749).

Connu comme un musée d'une richesse exceptionnelle, le Louvre est aussi un palais grandiose, intimement lié à l'histoire de la France. Au fil des siècles, cette immense suite de bâtiments qui longent la rive droite de la Seine a été sans cesse agrandie et embellie par les rois de France.

Divers styles d'architecture y ont laissé leur empreinte sans nuire à l'harmonie générale. Le roi Philippe Auguste entreprend d'abord, en 1190, la construction d'un château fort, dont la base reste visible en sous-sol. Puis, sous la Renaissance et le règne de Louis XIV, la plupart des bâtiments actuels voient le jour, avant d'être prolongés sous le Second Empire. Enfin, en 1989, l'architecte sino-américain Ieoh Ming Pei ajoute la fameuse pyramide de verre, qui sert à la fois d'entrée et d'ornement.

En 1793, on doit à la Révolution d'avoir ouvert au public le Louvre transformé en musée. Les collections royales – dont la fameuse *Joconde* acquise par François Ier – en ont constitué le fonds initial. Aujourd'hui, celui-ci présente un ensemble permanent de 35 000 œuvres, qui vont de l'Antiquité au milieu du XIXe siècle. De tous les musées du monde, c'est le plus visité : 10 millions de visiteurs accueillis en 2012 !

Known as a museum of exceptional cultural wealth, the Louvre is also an impressive palace closely tied to the history of France. Across the centuries, this immense row of buildings stretching along the right bank of the Seine was enlarged and embellished by the Kings of France.

Various styles of architecture have left their mark, without spoiling the overall harmony. King Philippe Auguste started, in 1190, the construction of a castle of which the foundations are still visible underground. Then, during the Renaissance period and the reign of Louis XIV, most of the buildings we can see today saw the light of day, before being extended under the Second Empire. Finally, in 1989, Sino-American architect Ieoh Ming Pei added the famous glass pyramid which is used as the entrance and also for decoration.

In 1793, thanks to the Revolution, the Louvre was transformed into a museum and opened to the public. The Royal collections, including the famous portrait the *Mona Lisa* acquired by François Ist, were its initial exhibits. Today, it has a permanent collection of 35,000 works, dating from Antiquity to the middle of the XIXth century. It is the most visited of all the museums in the world, counting 10 million visitors in 2012!

② LE JARDIN DES TUILERIES

« Le jardin des Tuileries, ce jardin de tous et de chacun, vit à lui seul de toutes les vies de la capitale. » Edmond Texier (1853).

« The Tuileries garden, this park belonging to all and also to each individual, experiences all the lives of the capital. » Edmond Texier (1853).

Entre le palais du Louvre et la place de la Concorde, un jardin public de 26 hectares allonge ses allées, ses parterres et ses terrasses symétriques. De nombreuses statues (signées Coysevox, Carpeaux ou Maillol) y composent un musée à l'air libre.
Créé par Catherine de Médicis devant le palais des Tuileries à présent disparu, il a été redessiné par Le Nôtre en 1664. Promenade appréciée dès cette époque, ce jardin vraiment royal a vu passer tous les flâneurs de l'histoire : depuis les seigneurs de la Renaissance en habits de brocart jusqu'aux joggeurs du XXIe siècle qui courent en short et débardeur…

Between the Louvre and the place de la Concorde, a public park of 26 hectares extends its alleys, its flower beds and its symmetrical terraces. Numerous statues (signed Coysevox, Carpeaux or Maillol) have turned it into an open air museum.
Created by Catherine de Médicis in front of the Tuileries Palace, which no longer exists, the park was set out by Le Nôtre in 1664. A strolling area which was already appreciated at the time, this very Royal garden has witnessed all the strollers of history, from the Renaissance lords with their brocade costumes to the joggers of the XXIst century in their running shorts and vests…

3 L'ORANGERIE

« *La mesure authentique de l'art vivant.* »
Paul Guillaume (1934).

« The authentic measure of living art. »
Paul Guillaume (1934).

Élevé en 1852 pour abriter en hiver les orangers du jardin des Tuileries, ce bâtiment a été transformé en musée pour recevoir en 1927 la donation de Claude Monet : les panneaux peints pour sa série des *Nymphéas*, quintessence de l'art impressionniste.
À ce chef-d'œuvre est venue ensuite s'ajouter la fabuleuse collection Jean Walter et Paul Guillaume. Elle comprend 144 toiles exécutées par les plus grands maîtres des premières années du XXe siècle : Cézanne, Renoir, le douanier Rousseau, Modigliani, Matisse, Picasso... Ce musée de petites dimensions ménage avec eux un émouvant rapport intime.

Built in 1852 to house the orange trees of the Tuileries garden in winter, this building was turned into a museum in 1927 to house a donation from Claude Monet, the painted panels for his series of *Nymphéas* (Water Lilies), the ultimate example of impressionist art.
The fabulous collection of Jean Walter and Paul Guillaume then arrived to join this masterpiece. It is made up of 144 paintings by the grand masters of the early years of the XXth century, Cézanne, Renoir, the « customs officer » Rousseau, Modigliani, Matisse, Picasso... This small museum has a very moving and intimate atmosphere.

4 LA PLACE VENDÔME

« La colonne impériale de la place Vendôme est un monument de barbarie, un symbole de force brute et de fausse gloire. » La Commune de Paris (1871).

«The imperial column of the place Vendôme is a monument to barbary, a symbol of brute force and of false glory. » The Commune of Paris (1871).

Harmonie et opulence sont les maîtres mots qui s'appliquent à cette place de grand prestige. Harmonie, parce qu'elle est entourée de bâtiments construits dans le style classique par d'illustres architectes, comme Jules Hardouin-Mansart et Jacques Gabriel. Opulence, parce que ses activités et ses commerces sont depuis longtemps associés au grand luxe.

La place Vendôme – rectangle dont les angles forment un pan coupé – s'est d'abord appelée place Louis-le-Grand. Elle était alors ornée d'une statue de Louis XIV, détruite à la Révolution et remplacée sous le Premier Empire par une colonne commémorant la victoire d'Austerlitz. Cette colonne, renversée par la Commune en 1871, a repris sa place peu après.

Les hôtels particuliers qui bordent la place rivalisent de richesses derrière leurs façades discrètes. Ils sont occupés par de grandes banques internationales, des joailliers renommés, des boutiques de mode réputées... Depuis 1898, l'hôtel Ritz, un des plus somptueux palaces de Paris, reçoit ici une clientèle brillante et fortunée. Curieusement, la chancellerie de l'austère ministère de la Justice est installée dans l'hôtel voisin, mais son emprise est beaucoup plus ancienne : elle date de 1718.

Harmony and opulence are the key words which describe this very prestigious square. Harmony because it is surrounded by buildings in classical style by renowned architects, such as Jules Hardouin-Mansart and Jacques Gabriel. Opulence, because its activities and its commerces have, for a long time, been associated with luxury.

The place Vendôme, a rectangle whose corners form a straight face, was originally known as the square Louis-le-Grand. It was therefore decorated with a statue of Louis XIV, destroyed during the Revolution and replaced under the First Empire with a column commemorating the victory at Austerlitz. This column was knocked down by the Commune in 1871 but was put up again shortly afterwards.

The grand townhouses which border the square compete to show off their wealth behind their discreet facades. They are occupied by large international banks, renowned jewellers and high class fashion boutiques... Since 1898 the Ritz hotel, one of the most sumptuous palaces in Paris, has been receiving a famous and wealthy clientele. Curiously the chancellery of the austere Ministry of Justice is installed in the neighbouring building but is a lot older, dating from 1718.

5 LE PALAIS-ROYAL

« Qu'il fasse beau, qu'il fasse laid, c'est mon habitude d'aller sur les cinq heures du soir me promener au Palais-Royal. » Denis Diderot (1773).

« Whether it is sunny or raining, my habit is to go at five o'clock in the evening take a stroll in the Palais-Royal. » Denis Diderot (1773).

Derrière ses immeubles et ses portiques, le Palais-Royal dissimule un vaste jardin, sorte d'espace hors du temps. Mitoyen de la Comédie-Française, il abrite de grandes institutions nationales : le Conseil d'État, le Conseil constitutionnel et le ministère de la Culture. Pourtant, avec ses rangées de tilleuls, les jets d'eau de son bassin et son calme à peine troublé par les jeux des enfants, c'est un lieu au charme provincial et doucement nostalgique.
Construit par Richelieu, il s'est d'abord appelé Palais Cardinal. Son nom actuel vient de Louis XIV qui y a vécu une partie de son enfance. Passé ensuite à la famille d'Orléans, il a fait l'objet d'une transformation qui, à partir de 1780, lui donne son aspect actuel. Pendant une cinquantaine d'années, il devient alors un lieu à la mode : on s'y bouscule, échoppes et cafés s'y multiplient, la Révolution y fermente et la prostitution y fleurit.
Rien de tel de nos jours. Souvent décrit par les écrivains parisiens (Colette et Jean Cocteau y ont habité), le Palais-Royal semble imprégné de poésie. Mais il n'est pas figé pour autant : les colonnes de Daniel Buren y ont imposé l'art contemporain et de nouvelles boutiques ouvrent sous ses arcades.

Behind the buildings and their porticos, the Palais-Royal conceals a large garden, a sort of place lost in time. Adjoining the Comédie-Française it houses large national institutions, the State Council, the Constitutional Council and the Ministry of Culture. However, with its rows of lime blossom trees, its fountains, its calm, hardly disturbed by the games of children, it is a place of provincial charm and is gently nostalgic.
Built by Richelieu, it was first known as the « Cardinal Palace ». It received its present name when Louis XIV spent part of his childhood here. It was then passed to the Orleans family and became the object of a transformation, from 1780, which has given it the appearance it has today. During a period of about fifty years it became a very fashionable place to be seen. It was bustling, bars and cafes sprung up, Revolutionary ideas fermented here and prostitution flourished.
Today it is nothing like that. Often described by Parisian writers (Colette and Jean Cocteau both lived here), the Palais-Royal seems steeped in poetry. However this does not mean that it is frozen in time, the columns of Daniel Buren have brought contemporary art here and new boutiques regularly open under the arcades.

BACQUEVILLE

6 LA COMÉDIE-FRANÇAISE

« J'étais seul, l'autre soir, au Théâtre-Français... » Alfred de Musset (1840).

« I was alone, the other evening, at the Théâtre-Français... » Alfred de Musset (1840).

Voué aux émotions et aux applaudissements, ce lieu magique fait battre les cœurs depuis longtemps. La salle de la Comédie-Française, en effet, a été construite de 1786 à 1790 par l'architecte Victor Louis. Proche du Louvre, cet édifice de style Louis XVI a été remanié plusieurs fois, mais il a gardé son faste, son prestige et son excellente acoustique. Le nombre des places, réduit de moitié depuis l'époque lointaine où le confort était réservé aux privilégiés, atteint à présent 900 sièges.

L'institution elle-même, appelée aussi « Théâtre-Français », est plus ancienne : elle a été fondée par Louis XIV en 1680, peu après la mort de Molière. Subventionnée par l'État, elle est régie par des statuts fixés par Napoléon en 1812.

La troupe, qui est permanente, comprend une soixantaine de comédiens, répartis en « sociétaires » et en « pensionnaires ». Les plus grands acteurs en ont fait partie, telle Sarah Bernhardt dans le passé ou, plus récemment, Robert Hirsch et Isabelle Adjani. Bien d'autres corps de métiers travaillent également à la Comédie-Française : machinistes, éclairagistes, décorateurs, costumiers, maquilleurs... C'est à juste titre que l'emblème de la « Maison de Molière » est une ruche.

Dedicated to emotion and applause, this magical place has been making hearts beat faster for a very long time. The hall of the Comédie-Française, effectively, was built between 1786 and 1790 by architect Victor Louis. Near to the Louvre, this Louis XVI style edifice has been made over several times but has always kept its splendour, its prestige and its excellent acoustics. The number of places, reduced by half since the days when comfort was reserved only for the privileged, is at present 900.

The institution itself, also called the « Théâtre-Français », is older. It was founded by Louis XIV in 1680, a little after the death of Molière. It benefits from a State grant and is managed according to by laws fixed by Napoleon in 1812.

The permanent company consists of about sixty actors and actresses, divided into « sociétaires» and « pensionnaires ». The finest acting talents have been members, such as Sarah Bernhardt in the past or, more recently, Robert Hirsch and Isabelle Adjani. There are many different professions who also work at the Comédie-Française, stagehands, lighting technicians, decorators, costume designers, make-up artists... It is rightly so that the emblem of the « House of Molière » is a beehive.

Comédie-
Française
Comédie-
Française
COMÉDIE-FR

7 LA CONCIERGERIE

« Conciergerie noire et lugubre, témoin impassible de toute la Révolution… » Philarète Chasles (1831).

« The Conciergerie, dark and bleak, impassive witness of the Revolution… » Philarète Chasles (1831).

Étrange monument qui, au cœur de l'île de la Cité, a connu tour à tour les fastes royaux à l'époque médiévale et quelques-unes des heures les plus sanglantes de la Révolution…
La Conciergerie forme l'aile nord-est du Palais de justice. Elle dépendait jadis du palais que les rois s'étaient fait bâtir pour leur usage. Ils y avaient établi l'administration royale ainsi que le Parlement. Une prison y trouva place et s'agrandit peu à peu quand le souverain alla demeurer au Louvre. Confiée à la direction d'un concierge (personnage très important à l'époque), elle a pris le nom de Conciergerie.
Les bâtiments subsistants datent pour la plupart du XIVe siècle. Du côté du quai, ils comprennent trois tours rondes et une tour carrée, qui porte l'horloge publique la plus ancienne de Paris. À l'intérieur, de vastes salles montrent l'architecture gothique parvenue à son point de perfection dans un édifice profane. Enfin, les prisons de la Terreur y évoquent le sort terrible des malheureux qui allaient être condamnés à la guillotine. La reine Marie-Antoinette a passé ici 76 jours avant de partir pour l'échafaud le 16 octobre 1793. Fidèlement reconstituée, sa cellule est toujours aussi impressionnante.

A strange monument in the heart of the Ile de la Cité which has known, in turn, Royal splendour during medieval times and some of the bloodiest hours of the Revolution…
The Conciergerie forms the north-east wing of the Palais de Justice. In days gone by it was dependant on the palace built by Kings for their private use. They established Royal administration here as well as Parliament. A prison was also set up and was enlarged little by little when the sovereign moved out to live at the Louvre. Given over to the charge of a « concierge » (a very important caretaker in those days), it took the name of « Conciergerie ».
The remaining buildings date mainly from the XIVth century. On the river bank they include three round towers and a square one, which boasts the oldest public clock in Paris. Inside huge halls display gothic architecture at its most perfect in a profane edifice. Finally, the prisons of the Terror remind us of the terrible fate of the unfortunates who were condemned to death at the guillotine. Queen Marie-Antoinette spent 76 days here before being taken to the scaffold on the 16th October, 1793. Faithfully reconstructed, her cell is still just as awe-inspiring today.

8 LA SAINTE-CHAPELLE

« Une des plus belles demeures du paradis. » Jean de Jandun (1323).

« One of the most beautiful dwellings of paradise. » Jean de Jandun (1323).

Miracle de la foi médiévale et de l'art gothique, la Sainte-Chapelle a été édifiée par Saint Louis dans le palais royal de l'île de la Cité. Elle se compose de deux chapelles superposées, décorées de vitraux splendides qui attestent le prodigieux savoir-faire des maîtres verriers au XIIIe siècle. Dans la chapelle haute, la beauté des couleurs force l'admiration, tout comme la hauteur des fenêtres de la nef (plus de 15 mètres) et le nombre total des panneaux (1 134) illustrant des scènes de l'Ancien et du Nouveau Testament.
Le nom de l'architecte n'est pas connu avec certitude. Mais ce qui est sûr, c'est que les travaux de construction n'ont guère duré plus de six ans. La cérémonie de consécration eut lieu le 26 avril 1248. Cette double chapelle, conçue comme une châsse, contenait les reliques les plus vénérées de la chrétienté, dont un morceau de la croix sur laquelle mourut le Christ et la couronne d'épines que, suivant la tradition, les soldats romains posèrent par dérision sur sa tête avant la montée au Calvaire. Ces reliques, achetées à grands frais par le roi Saint Louis, avaient été placées dans un monumental reliquaire d'orfèvrerie qui a été fondu pendant la Révolution.

Miracle of medieval faith and gothic art, the Sainte-Chapelle was built by Saint Louis in the Royal Palace of the Ile de la Cité. It is made up of two superimposed chapels, boasting magnificent stained glass windows, living proof of the phenomenal skills of master glass craftsmen in the XIIIth century. The beauty of the colours, particularly in the high chapel, arouse admiration, as do the height of the windows of the nave (more than 15 metres) and the total number of panels (1,134), illustrating scenes from both the Old and the New Testaments.
The identity of the architect is not known for sure, but we do know that the construction work only lasted about six years. The consecration ceremony was held on the 26th of April, 1248.
This double chapel, created as a casket, contained the most venerated relics of Christianity, namely a piece of the cross on which Christ died and the crown of thorns which, following tradition, the Roman soldiers placed, in derision, on his head before the mounting of Calvary. These relics, bought at huge cost to King Saint Louis, were placed in a monumental gold casket which was then melted down during the Revolution.

9 LE PONT-NEUF

« La belle structure du Pont-Neuf de notre grande ville... » Michel de Montaigne (1588).

« The beautiful structure of Pont-Neuf of our grand city... » Michel de Montaigne (1588).

Il n'a de neuf que le nom, puisqu'en réalité c'est maintenant le plus vieux pont de Paris. Peut-être aussi est-ce le plus beau. Franchissant la Seine en prenant appui sur la pointe occidentale de l'île de la Cité, il a conservé ses alvéoles en demi-cercle, autrefois destinés à accueillir des échoppes, ainsi qu'une décoration de 384 masques grotesques sculptés par Germain Pilon. Androuet du Cerceau figure parmi les architectes qui ont œuvré à sa construction.

La première pierre en a été posée le 31 mai 1578 par le roi Henri III. Puis, les guerres de Religion ayant ralenti les travaux, il est finalement inauguré en 1607 par Henri IV. C'est pourquoi une statue de ce dernier a été installée sur le terre-plein central.

Le Pont-Neuf présentait, à l'époque, des innovations majeures : aussi large que solide, il n'était pas bordé de maisons, mais il était muni de trottoirs pour faciliter et sécuriser le passage des piétons. En revanche, il devint rapidement le rendez-vous des camelots et des saltimbanques. Ils ont disparu depuis longtemps, mais le pont – demeuré inchangé au fil des siècles – est toujours un lieu très vivant au cœur de Paris, avec des points de vue magnifiques des deux côtés.

The only thing that is new (« neuf ») about this bridge is its name, as, in reality, it is now the oldest of the bridges of Paris. Maybe it is also the most beautiful. Crossing the Seine from the eastern tip of Ile de la Cité, it has kept its semi-circular areas, used in days gone by to house shops and also the decoration of 384 grotesque masks sculpted by Germain Pilon. Androuet du Cerceau figures among the architects who contributed to the construction.

The first stone was laid on the 31st May, 1578 by King Henri III. Then the wars of Religion slowed the work down and it was finally inaugurated in 1607 by Henri IV. This explains why a statue of the latter was installed on the central embankment.

The Pont-Neuf was an example, in its day, of major innovations, as wide as it is solid, it was not bordered with houses but it did have pavements to make pedestrian access easier and safer. However, it rapidly became the meeting place of charlatans and street entertainers. They are long gone today but the bridge, which has remained unchanged across the centuries, is still a very lively place in the heart of Paris with magnificent viewpoints on both sides.

10 L'ÉGLISE SAINT-EUSTACHE

« Saint-Eustache est la plus belle église de Paris après Notre-Dame. » Jacques Perret (1955).

« Saint-Eustache is the most beautiful church in Paris after Notre-Dame. » Jacques Perret (1955).

Vue des Halles, la silhouette de l'église Saint-Eustache est particulièrement séduisante, avec ses étages superposés et le jeu complexe de ses pinacles et de ses arcs-boutants. Son aspect un peu trapu, inhabituel pour une église, s'explique par l'absence des deux hautes tours qui auraient dû encadrer la façade : prévues sur les plans, elles n'ont jamais été construites. Plus exactement, celle de gauche a été bâtie tardivement, mais dans un format très modeste.
Commencé en 1532, l'édifice présente une structure gothique tout en bénéficiant largement des apports stylistiques de la Renaissance ; c'est ce qui fait son charme et son originalité. Faute de moyens financiers, la construction traîna en longueur, si bien que l'église ne fut consacrée que le 26 avril 1637. Sous le règne de Louis XV, il fut décidé de la terminer, mais seule la façade occidentale a été réalisée.
L'intérieur est surtout remarquable par son grand orgue, légèrement plus important que celui de Notre-Dame, et par ses superbes tombeaux. Le plus monumental, celui de Colbert, a été sculpté par Antoine Coysevox ; son faste quasi princier montre à quel point ce grand ministre de Louis XIV était devenu un personnage considérable.

Seen from Les Halles, the silhouette of the Saint-Eustache church is particularly appealing, with its superimposed floors and the complex set of its pinnacles and flying buttressess. Its aspect, a little squat, most unusual for a church, is explained by the absence of two high towers which should have framed the facade. The were envisaged on the plans, but were never actually built. Or, more exactly, the one on the left was built on later, in a very modest format.
Begun in 1532, the edifice presents a gothic structure while also displaying some of the innovations of the Renaissance style, contributing to its charm and originality. Due to lack of funds, the construction went on for a very long time, so much so that the church was only consecrated on the 26th April, 1637. Under the reign of Louis XV it was decided to finish it but in fact only the eastern facade was ever completed.
The inside is especially remarkable for its grand organ, slightly larger than that of Notre-Dame, and its superb tombs. The most imposing, that of Colbert, was sculpted by Antoine Coysevox and its almost Royal splendour shows that this leading Minister of Louis XIV was a very important person.

11 LA PLACE DU CHÂTELET

« La minute solennelle où le rideau du Châtelet se levait sur le Tour du monde en quatre-vingts jours... »
Jean Cocteau (1935).

« The important moment when the curtain of Châtelet rose on Around the World in Eighty Days... »
Jean Cocteau (1935).

Sa situation est stratégique : les quais de la rive droite la bordent face à la Cité, tandis qu'au nord elle donne naissance à un important axe nord-sud, le boulevard de Sébastopol. Son nom rappelle une forteresse servant de prison sous l'Ancien Régime et rasée par Napoléon : le Châtelet. Son centre est occupé par la fontaine du Palmier, datant de 1808. Flanquée de quatre sphinx, elle est surmontée d'une colonne à la gloire de la Grande Armée.

Deux théâtres, bâtis par Gabriel Davioud en 1862, sont postés de chaque côté. À l'ouest, avec ses 2 500 places, le théâtre du Châtelet s'est d'abord spécialisé dans les œuvres à grand spectacle, adaptées de Jules Verne, d'Alexandre Dumas ou d'Émile Zola. La musique, le ballet et l'opéra y ont été très tôt à l'affiche. De 1930 à 1960, c'est plutôt l'opérette qui y triomphait. La programmation actuelle reste fidèle à cet héritage diversifié.

À l'est, le théâtre de la Ville est plutôt connu des amateurs de danse moderne et de musiques du monde. La salle, transformée en 1968, portait auparavant le nom de Sarah Bernhardt, car la fameuse comédienne en avait été la directrice. En 1900, elle y créa *l'Aiglon*, d'Edmond Rostand, un de ses plus grands succès.

Its situation is strategic, the quays of the right bank border it facing over the Ile de la Cité, while to the north it opens out onto an important north-south axe, the boulevard de Sébastopol. Its name reminds us of the fort which was used as a prison under the Ancient Regime and which was demolished by Napoleon, the « Châtelet ». Its centre is occupied by the Fountain of the Palm Tree, dating from 1808. Surrounded by four sphinxes, it is surmounted by a column to the glory of the Great Army.

Two theatres, built by Gabriel Davioud in 1862, are situated on either side. To the west, with its 2,500 places, the Théatre du Châtelet mainly specialises in plays adapted from Jules Verne, Alexandre Dumas or Émile Zola. Music, ballet and opera very quickly found themselves on the programme here. From 1930 to 1960 it was mainly operette which triumphed. The present programmation remains faithful to this diversified heritage.

To the east, the Théâtre de la Ville is mostly known to fans of modern dance and world music. The auditorium, transformed in 1968, firstly bore the name of Sarah Bernhardt as the famous actress was the director here. In 1900 she performed *l'Aiglon* (the Eaglet) by Edmond Rostand here. It was one of her biggest successes.

châ
THEATRE
-te-
MUSICAL
let
DE PARIS
MAIRIE DE PARIS

12 LA PLACE DAUPHINE

« Je suis l'dauphin d'la place Dauphine. » Jacques Dutronc (1968).

« I am the dauphin of the place Dauphine. » Jacques Dutronc (1968).

Paisible et silencieuse, la place Dauphine repose de l'agitation parisienne. Quelques boutiques anciennes y alignent leurs devantures modestes, tandis que trois ou quatre terrasses de cafés invitent à faire une pause pour regarder, entre les branches des jeunes arbres, l'étroite façade des immeubles. Les plus nostalgiques évoqueront le souvenir d'Yves Montand et de Simone Signoret, qui ont longtemps habité au n° 15.

La création de cette place a été décidée par Henri IV qui, après la place des Vosges dans le quartier du Marais, voulait doter l'île de la Cité d'une place nouvelle. Commencée en 1607, elle est caractéristique du style pratiqué alors, qui combine agréablement la brique et la pierre. Son nom fait référence au Dauphin, le futur Louis XIII.

Située peu avant l'extrémité ouest de l'île, elle en a épousé la forme : celle d'un triangle. Malheureusement, vers l'est, les maisons occupant la base du triangle ont été démolies en 1874 pour mieux dégager les agrandissements entrepris au Palais de justice. Après avoir regretté cette erreur, on se consolera en admirant les deux immeubles qui, à la pointe, sont tournés vers le Pont-Neuf : ils ont gardé intact leur bel aspect d'origine.

A calm and peaceful square, the place Dauphine is very restful after the bustle of Paris. Some old boutiques have their modest shop fronts lined up here, while three or four cafe terraces invite you to take a break to study the narrow facades of the buildings, seen between the branches of the young trees. The more nostalgic among you will evoke the memory of Yves Montand and Simone Signoret, who lived for a long time at n° 15.

The creation of this square was decided by Henri IV who, after the creation of the place des Vosges in the Marais district, wanted to honour Ile de la Cité with a new square. Begun in 1607, it is characteristic of the style of the day, combining brick and stone in a very pleasing way. Its name refers to the Dauphin, the future Louis XIII.

Situated a little before the western tip of the Ile, it has kept the same shape of the island at this point, that of a triangle. Sadly, towards the east, the houses occupying the base of the triangle were demolished in 1874 to make space for the enlargement work carried out on the Palais de Justice. After feeling sad about this decision, we can console ourselves by admiring the two buildings on the tip, which turn towards the Pont-Neuf. Their beautiful original aspect has remained intact.

13 L'OPÉRA-COMIQUE

« Cette salle a gardé toute sa magie. » Sir John Eliot Gardiner (2010).

« This hall has kept all of its magic. » Sir John Eliot Gardiner (2010).

Le Théâtre national de l'Opéra-Comique s'appelle plus familièrement « salle Favart », en hommage à une cantatrice connue au XVIIIe siècle pour ses succès dans ce genre lyrique. À l'époque, celui-ci consistait à faire alterner des dialogues parlés et des airs chantés. Les règles ont évolué par la suite, généralement en élargissant la gamme des sujets abordés.

La salle actuelle ne donne pas du côté des boulevards, toujours remuants et assourdissants, mais vers la place Boieldieu, qui est tranquille et piétonnière. C'est la troisième salle située à cet emplacement, car les deux précédentes ont été détruites par les flammes. Inaugurée en décembre 1898 par le président Félix Faure, elle présente un décor intérieur dont les moulures et les fresques illustrent bien les goûts de la Belle Époque.

Des œuvres importantes ont vu ici le jour, par exemple *Carmen*, de Georges Bizet en 1875, et *les Contes d'Hoffmann*, de Jacques Offenbach en 1881. Longtemps annexé par l'Opéra de Paris, l'Opéra-Comique a retrouvé son indépendance en 1990. D'abord dirigé par Jérôme Savary, aujourd'hui par Jérôme Deschamps, il s'emploie à perpétuer avec beaucoup de passion et de brio une tradition spécifiquement française.

The National Theatre of Comic-Opera is more familiarly known as the Salle Favart, in homage to a singer from the XVIIIth century well-known for her success in the lyrical style. At the time this was to alternate spoken dialogues and songs. The rules evolved afterwards, generally by extending the range of topics covered.

The theatre today no longer opens out onto the busy and noisy boulevards, but towards the place Boieldieu, which is calm and pedestrianised. It is the third theatre situated on this site as the two previous ones were destroyed by fire. Inaugurated in December 1898 by the president of the day, Félix Faure, it boasts an interior whose mouldings and frescoes illustrate perfectly the style of the Belle Époque.

Many important works saw the light of day here, for example *Carmen*, by Georges Bizet in 1875, and *the Tales of Hoffmann*, by Jacques Offenbach, in 1881. For a long time the annexe of the Paris Opera, the Opéra-Comique found its independance in 1990. Firstly run by Jérôme Savary, and today by Jérôme Deschamps, it continues to perpetuate, with much passion and enthusiasm, a typically French tradition.

CAFE
TABAC

14 LA GALERIE VIVIENNE

« Un foyer brûlant de circulation et d'activité. » Dictionnaire historique de Paris (1832).

« A foyer burning with people passing through and activity. » Historic dictionnary of Paris (1832).

Pimpante et chaleureuse depuis qu'elle a été restaurée, la galerie Vivienne est peut-être le passage couvert le plus attrayant de la capitale. Derrière le Palais-Royal, elle relie trois rues : celles des Petits-Champs et de la Banque, ainsi que la rue Vivienne qui lui a donné son nom.

Lançant la mode de ce genre de galeries, un notaire nommé Marcoux a ouvert celle-ci en 1823. Le vieux Paris semble y survivre de façon un peu secrète, à l'écart du clinquant et du tintamarre des Grands Boulevards. On pourrait la croire hantée par les spectres des Parisiennes en toilettes romantiques et chapeaux à plumes, telles qu'elles apparaissent dans les romans de Balzac. Les verrières anciennes du toit, le carrelage en mosaïques, la décoration néoclassique inspirée de motifs pompéiens : tout est réuni pour plaire aussi bien aux flâneurs qu'aux acheteurs.

Car, ne l'oublions pas, c'est avant tout une galerie marchande depuis sa création. Ici une boutique de mode, là un bistrot, plus loin un confiseur ou un créateur de bijoux... La multiplicité des commerces contribue à l'animation du lieu. Certains sont très anciens : la librairie Jousseaume est tenue par la même famille depuis bientôt deux siècles.

Elegant and welcoming since its restoration, the Galerie Vivienne is maybe the most attractive covered passage of the capital. Situated behind the Palais-Royal, it joins three streets, the rue des Petits-Champs and rue de la Banque, as well as the rue Vivienne which gave the passage its name.

Launching the fashion of this type of gallery, a lawyer named Marcoux opened this one in 1823. The old Paris seems to have survived here in a way that is a little secret, away from the tawdriness and the hullabaloo of the Grands Boulevards. One could almost believe that it was haunted by the ghosts of Parisians in romantic costumes and feathered hats, as they appear in the novels of Balzac. The old glass roof, the mosaic floor tiles, the neo-classical decoration inspired by Pompeian motifs, everything is brought together to please the strollers as much as the buyers.

As, don't forget, it is above all a shopping gallery and has been since its creation. Here a fashion boutique, there, a bistro, further on a confectioner or a jewellery designer... The multiplicity of des shops contributes to its liveliness. Some have been here for a very long time, the Jousseaume bookshop has been run by the same family for almost two centuries.

15 LA PLACE DES VICTOIRES

« Jamais particulier n'avait encore entrepris de consacrer à la gloire de son prince un monument aussi magnifique. » Jean-Aimar Piganiol de La Force (1742).

« Never has an individual undertaken to dedicate a monument as magnificent to the glory of his prince. » Jean-Aimar Piganiol de La Force (1742).

Cette place ronde, dessinée par Jules Hardouin-Mansart, a été conçue à la demande d'un courtisan un peu fanatique, le duc de La Feuillade, qui voulait célébrer les victoires de Louis XIV après le traité de Nimègue. Elle est à présent dévolue au commerce de la mode et du luxe. En effet, de prestigieuses marques de couture ont trouvé là un cadre théâtral et raffiné qui leur sert d'écrin.

L'essentiel des travaux a été terminé en 1686. Tous les immeubles étaient initialement construits sur le même modèle : un rez-de-chaussée surmonté d'arcades en demi-lunes, puis deux étages d'habitation ornés de pilastres et, au-dessus, un étage de combles mansardés. Diverses modifications, intervenues par la suite, ont partiellement dérangé cette harmonie.

Avant l'ouverture tardive de la rue Étienne-Marcel, les rues débouchant en étoile sur la place convergeaient toutes vers la statue centrale. Celle-ci a d'abord été une effigie du Roi-Soleil, se tenant debout sur un socle et entouré d'hommes enchaînés symbolisant ses victoires à la guerre. Cet ensemble a été dispersé par la Révolution. La statue actuelle, érigée en 1822, rend à nouveau hommage à Louis XIV, monté cette fois sur un cheval.

This public square, in circular form and designed by Jules Hardouin-Mansart, was conceived by the demand of a sycophantic courtier, the Duke de La Feuillade, who wanted to celebrate the victories of Louis XIV after the treaty of Nimègue. Today it is reserved for fashion and luxury boutiques. Effectively the prestigious fashion brands have found a theatrical and refined setting which serves as a showcase for them.

Most of the work was finished by 1686. All of the buildings were initially constructed on the same model, a ground floor with half-moon arcades above, then two floors of living accomodation decorated with pilasters and, above, a floor of attics. Various modifications, carried out at a later date, have partially disturbed this harmony.

Before the opening of the rue Étienne-Marcel much later on, the streets opening out onto the square all converged like the rays of the sun towards the statue in the centre. This was firstly an effigy of the Sun-King, upright on a stand and surrounded by men in chains symbolising his war victories. This was destroyed during the Revolution. The actual statue, erected in 1822, pays homage again to Louis XIV this time mounted on a horse.

ESPRIT
ESPRIT

16 LE CONSERVATOIRE NATIONAL DES ARTS ET MÉTIERS

« Des bibliothèques et des musées, formés avec choix, sont en quelque sorte les ateliers de l'esprit humain. »
Abbé Grégoire (1794).

« Libraries and museums, formed by choice, are, in a way, the workshops of the human spirit. »
Abbé Grégoire (1794).

Le pendule de Foucault démontrant la rotation de la terre au bout de son long fil, le laboratoire de Lavoisier, père de la chimie moderne, ou bien la machine volante de Clément Ader préfigurant nos avions : voilà quelques-unes des curiosités exposées et expliquées au musée de la rue Réaumur. C'est le royaume passionnant des chercheurs et des inventeurs (voire des bricoleurs !) qui ont fait progresser le monde.

Par lui-même, le lieu est admirable. Il s'agit de l'ancien prieuré de Saint-Martin-des-Champs, dont l'église et le réfectoire – purs joyaux de l'art gothique des XIIe et XIIIe siècles – ont été probablement édifiés par l'un des architectes de Notre-Dame de Paris. Cadre surprenant pour présenter, entre autres, les premières voitures automobiles !

Cependant, ce musée n'est qu'une des composantes du Conservatoire national des arts et métiers, grand établissement d'enseignement supérieur et de recherche qui poursuit sa mission depuis son ouverture le 10 octobre 1794. Cette valeureuse institution, en effet, a été fondée en pleine Révolution. Elle résulte d'une remarquable initiative de l'abbé Grégoire, qui mettait ainsi en pratique les idées les plus généreuses des Encyclopédistes.

Foucault's pendulum demonstrating the rotation of the earth on the end of its long string, the laboratory of Lavoisier, father of modern chemistry or even the flying machine of Clément Ader ancestor of our aeroplanes, these are some of the curiosities exhibited and explained at this museum of the rue Réaumur. It is the fascinating kingdom of researchers and inventors (sometimes just handymen) who have helped the world progress.

The building itself is admirable. It was the old priory of Saint-Martin-des-Champs, of which the church and the refectory, pure jewels of gothic art from the XIIth and XIIIth centuries, were probably constructed by one of the architects of Notre-Dame de Paris. A surprising setting to present, among other things, the first automobiles !

However, this museum is only one of the elements of the National Conservatory of Arts and Trades, a major establishment of higher education and research which has continued its mission since it opened on the 10th October, 1794. This gallant institution, in effect, was founded in the middle of the Revolution. It is the result of a remarkable initiative of Abbot Grégoire, who also put into practice the most generous ideas of the « Encyclopédistes ».

17 LES ARCHIVES NATIONALES

«Sans archives, pas d'histoire, pas de République.» Guy Braibant (1996).

«Without archives, no history, no Republic.» Guy Braibant (1996).

La splendeur et le raffinement de la vie aristocratique au xviiie siècle : c'est ce que montrent parfaitement les deux hôtels particuliers affectés à la conservation des archives de l'État français, l'hôtel de Soubise et l'hôtel de Rohan. Voisins l'un de l'autre, ils comptent parmi les plus belles demeures du Marais. Tous deux ont été commandés par la même famille et bâtis par le même architecte : Pierre-Alexis Delamair. La plupart des appartements ont gardé leur fabuleuse décoration de boiseries et de peintures. Le «cabinet des singes», réalisé par l'ornemaniste Christophe Huet, en est un des chefs-d'œuvre.
La création des Archives nationales, définie par l'Assemblée constituante en juin 1794, peut être considérée comme un des fondements de la démocratie en France, car, réunissant toutes les pièces originales de la vie officielle du pays, elle les rendait pour la première fois accessibles à tous les citoyens.
L'accumulation des documents conservés a nécessité la construction de deux nouveaux sites beaucoup moins somptueux, mais mieux adaptés à leur fonction. Le premier a été installé à Fontainebleau en 1969 ; le second a été inauguré à Pierrefitte-sur-Seine le 11 février 2013.

The splendour and refinement of aristocratic life in the xviiith century is shown perfectly by the two townhouses assigned to the conservation of the records of the French State, the Hôtel de Soubise and the hôtel de Rohan. Next door to each other, they are counted amongst the most beautiful dwellings in the Marais district. Both were commissioned by the same family and built by the same architect, Pierre-Alexis Delamair. Most of the rooms have kept their fabulous decoration of wood panelling and paintings. The «cabinet of monkeys», created by ornemanist Christophe Huet, is one of its masterpieces.
The creation of the National Archives, defined by the Constitutional Assembly in June 1794, could be considered as one of the founding principles of democracy in France. It brought together all the original records of the official life of its country and made them accessible to all of its citizens for the first time.
The accumulation of all the documents conserved made it necessary to build two new sites which were a lot less impressive but more adapted to their function. The first was installed in Fontainebleau in 1969, the second was inaugurated at Pierrefitte-sur-Seine on the 11th February, 2013.

18 LE MUSÉE CARNAVALET

« Je crois que la Carnavalette nous sera meilleure que l'autre maison qu'on nous avait indiquée. »
La marquise de Sévigné (1677).

« I think that the Carnavalette will be better for us than the other house that was pointed out to us. »
The Marchioness of Sévigné (1677).

La marquise de Sévigné, qui y a vécu ses vingt dernières années, l'appelait « Carnavalette » par plaisanterie. En fait, si cet hôtel particulier, situé au cœur du Marais, porte le nom de Carnavalet, c'est que le bon peuple de Paris, pour s'amuser lui aussi, avait déformé le nom de sa propriétaire précédente, Françoise de Kernevenoy, veuve d'un gentilhomme breton.

On peut se moquer de son nom, mais pas de son architecture. C'est un superbe hôtel de style Renaissance, élevé au milieu du XVIe siècle par Nicolas Dupuis et décoré de bas-reliefs par Jean Goujon. Agrandi un siècle plus tard par François Mansart, il devient en 1880 un musée destiné à montrer l'histoire de Paris. Devenu trop petit, celui-ci annexe en 1989 le très classique hôtel Le Peletier de Saint-Fargeau, bâti tout près.

Les collections (500 000 pièces en comptant les réserves) sont d'une variété pleine de surprises. Entre les pirogues utilisées il y a 6 500 ans vers le quai de Bercy et des photos de la capitale au siècle dernier, il y a de quoi satisfaire toutes les curiosités. Des pièces d'habitation, entièrement reconstituées avec la décoration et le mobilier d'époque, donnent l'illusion de remonter le temps.

The Marchioness of Sévigné who spent the last twenty years of her life here, called it « Carnavalette » (« Little Carnavalet ») as a joke. In fact if this grand townhouse, situated in the heart of the Marais, bears the name Carnavalet, it was because the good people of Paris, as their own private joke, had deformed the name of the previous owner, Françoise de Kernevenoy, widow of a nobleman from Brittany.

We can make fun of its name, but not its architecture. It is a superb townhouse built in Renaissance style around the middle of the XVIth century by Nicolas Dupuis and decorated with bas-reliefs by Jean Goujon. Extended a century later by François Mansart it became, in 1880, a museum dedicated to the history of Paris. In the long term it was too small and therefore annexed, in 1989, another townhouse known as Le Peletier de Saint-Fargeau, built close by in a classical style.

The collections (500,000 pieces counting those not on display but stored here) are of a variety full of surprises. Between the pirogues used 6,500 years ago around the quay of Bercy and the photographs of the capital during the last century, there is something to satisfy all interests. The rooms that were once lived in, entirely reconstructed with the decoration and furniture of the period, give the illusion of going back in time.

19 LE MUSÉE PICASSO

« Donnez-moi un musée et je le remplirai. »
Pablo Picasso (1961).

« Give me a museum and I will fill it. »
Pablo Picasso (1961).

Pablo Picasso, à coup sûr le plus célèbre des Espagnols de France..., lui qui a tant aimé habiter des châteaux et des demeures prestigieuses, aurait apprécié que Paris lui consacre un musée dans un des beaux hôtels particuliers du Marais.
Cette vaste maison, construite entre cour et jardin au début du règne de Louis XIV, est communément appelée l'hôtel Salé. Ce nom bizarre est en réalité un surnom ironique remontant à l'époque du premier propriétaire, Pierre Aubert de Fontenay : il s'était enrichi en percevant les taxes alors prélevées sur la vente du sel !
Ouvert en 1985, le musée a accueilli de nombreuses œuvres du maître, léguées par ses héritiers à l'État français en vue de régler leurs droits de succession : plus de 200 tableaux, des centaines de dessins... La mort de Jacqueline Roque, dernière épouse de l'artiste, va enrichir ensuite ce premier fonds, auquel s'ajouteront les archives du peintre, si utiles à tous les chercheurs. L'hôtel Salé contient donc de quoi suivre, dans toute son évolution, la carrière de Picasso durant sa longue existence. En outre, sa collection personnelle, avec des toiles de Cézanne, de Braque et du Douanier Rousseau, éclaire ses choix et sa sensibilité.

Pablo Picasso is certainly one of the most famous Spaniards in France... He who so loved living in castles and prestigious dwellings, would surely have appreciated that Paris devoted a museum in one of the most beautiful townhouses of the Marais to his works.
This huge house, built between courtyard and garden at the beginning of the reign of Louis XIV, is commonly known as the Hôtel Salé (Salty). This strange name is, in reality, an ironic nickname going back to the days of the first owner, Pierre Aubert de Fontenay. He became rich by collecting taxes on sales of salt!
Opened in 1985, the museum received numerous works by the master, left by his successors to the French State in order to pay their inheritance tax, more than 200 paintings, hundreds of drawings... The death of Jacqueline Roque, last wife of the artist, would straight away provide the first collection, to which would be added the painter's records, very useful in helping with research. The Hôtel Salé contains everything needed to follow, in all of its evolution, Picasso's career during his long life. Including his own collection, with works by Cézanne, Braque and by « customs officer » Rousseau, which gives an insight into his personal taste.

20 LE CENTRE GEORGES-POMPIDOU

« C'est le rêve d'un rapport extraordinairement libre entre l'art et les gens. » Renzo Piano (1977).

« It is the dream of a extraordinarily free bond between art and people. » Renzo Piano (1977).

Toujours aussi vivant, aussi jeune, le centre Pompidou ne date pas d'hier : il a été inauguré le 31 janvier 1977. Mais sa structure métallique, sa tuyauterie apparente et ses couleurs contrastées n'ont guère vieilli. Avec ses plateaux modulables, son bouillonnement incessant et, tout en haut, sa vue fascinante sur Paris, cet espace de découverte n'a pas son pareil, même si le centre lui-même s'est doté en 2010 d'une extension à Metz.
Son fondateur, Georges Pompidou, était passionné d'art moderne. Il voulait que la culture soit ouverte à tous, comme en témoigne la Bibliothèque publique d'information qui, libre d'accès, occupe trois étages. Après le choix de l'emplacement – un îlot insalubre du plateau Beaubourg –, la construction a été confiée aux architectes Renzo Piano, Richard Rogers et Gianfranco Franchini. Leurs options, très innovantes, ont alors été critiquées : on a comparé le centre à une « raffinerie de pétrole » !
Aujourd'hui, ce « Centre national d'art et de culture » a trouvé sa place. C'est à la fois un foyer de création contemporaine et un musée dont les collections s'étendent de l'aube du xxe siècle jusqu'à nos jours. Avec plus de 5 millions de visiteurs chaque année, sa réussite est évidente.

Still as lively, as young, the Pompidou Centre was not born yesterday, it was inaugurated on the 31st January, 1977. However its metallic structure, outside pipes and contrasting colours, have hardly aged at all. With its modulable exhibition areas, its incessant bustle and, from the top, its fascinating view over Paris, there is nowhere else like it, even though the centre itself now boasts an extension in Metz which was built in 2010.
Its founder, Georges Pompidou, was passionate about modern art. He wished for culture to be open to everyone, as witnesses the public library of information which occupies three floors and entrance is free. After the choice of location, an insalubrious sector on the Beaubourg plateau, the construction was entrusted to architects Renzo Piano, Richard Rogers and Gianfranco Franchini. Their unusual design was highly criticised and the result has often been compared to a « petrol refinery »!
Today this « National Centre of Art and Culture » has found its place. It is a centre of contemporary creation and also a museum whose collections spread from the dawn of the xxth century to modern day. With over 5 million visitors every year its success is evident.

COLLECTIONS CONTEMPORAINES
12 OCTOBRE 11 - 2 JANVIER 12
PRIX MARCEL DUCHAMP 10
21 SEPT. 11-9 JANV. 12
CYPRIEN GAILLARD

21 L'HÔTEL DE VILLE

« L'hôtel de ville de Paris a été le lieu de ralliement de toutes les émotions nationales. » Jacques Hillairet (1963).

« The city hall of Paris has been the meeting point of all national emotions. » Jacques Hillairet (1963).

Ce n'est pas seulement la mairie de Paris, c'est avant tout le symbole de la cité à travers l'histoire. Entre le quai et la rue de Rivoli, l'Hôtel de Ville occupe un majestueux quadrilatère ; il s'impose comme le plus vaste bâtiment municipal d'Europe avec ses 600 pièces principales et ses 66 600 m². Sa façade ouest donne sur une esplanade souvent égayée par des animations dont le thème varie selon les saisons et les événements.

L'Hôtel de Ville est situé au même endroit depuis 1357. L'administration municipale s'est alors installée dans une maison gothique bordant la place de Grève. Plusieurs fois, l'édifice s'est trouvé agrandi à partir du XVIe siècle. Mais il a été totalement détruit le 24 mai 1871, incendié par les insurgés de la Commune. La reconstruction se fera de 1874 à 1882 sous la direction de Théodore Ballu. Son architecture rappelle le style Renaissance qui s'était imposé dans l'édifice précédent. Le parti pris décoratif se veut riche et majestueux : les murs sont parés de statues d'hommes célèbres ou d'allégories. L'intérieur, fastueux, comporte d'immenses espaces de réception, dont une salle des fêtes qui, longue de 50 mètres, évoque la galerie des Glaces à Versailles.

It is not only the city hall of Paris, it is above all the symbol of the city throughout history. Between the river banks and the rue de Rivoli, Hôtel de Ville occupies an imposing quadrilateral, it is the largest municipal building in Europe with 600 main rooms and boasts 66,600 m² in all. Its west facade looks out over a lively esplanade which often has animations with themes varying according to the seasons and events.

Hôtel de Ville has been situated in the same place since 1357. The municipal administration is installed in a gothic style house bordering the place de Grève. The edifice has been enlarged several times since the XVIth century and was totally destroyed on the 24th May 1871, burned down by the rebels of the Commune. The reconstruction took place between 1874 and 1882 under the leadership of Théodore Ballu. Its architecture reminds us of Renaissance style of the previous edifice. The choice of decoration is luxurious and majestic, the walls are covered with statues of well-known people or allegories. The sumptuous inside boasts enormous reception rooms, including one of 50 metres long which evokes the Hall of Mirrors at Versailles.

22 LA CATHÉDRALE NOTRE-DAME

« L'ombre gigantesque des tours de Notre-Dame. » Victor Hugo (1831).

« The gigantic shadow of the towers of Notre-Dame. » Victor Hugo (1831).

Dédiée à la Vierge, la cathédrale de Paris est une des grandes réalisations de l'architecture gothique. Ses tours massives, sa haute nef et les gracieux arcs-boutants de son chevet, à la pointe orientale de l'île de la Cité, constituent le cœur même de Paris.
Commencée en 1163, sa construction est terminée moins d'un siècle plus tard. Pillée et vandalisée pendant la Révolution, elle est restaurée de fond en comble par Viollet-le-Duc vers le milieu du XIXe siècle. La splendeur de ses vitraux, la richesse de ses œuvres d'art et de son mobilier concourent à faire de cet édifice une pure merveille.

Dedicated to the Virgin, the cathedral of Paris is one of the greatest examples of gothic architecture. Its massive towers, high nave and the gracious flying buttresses of its apse, at the eastern tip of the Ile de la Cité, form the very heart of Paris.
Begun in 1163, its construction was completed less than a century later. Pillaged and vandalised during the Revolution, it was completely restored by Viollet-le-Duc around the middle of the XIXth century. The splendour of its stained glass windows, the richness of its art works and its furnishings join together to make this edifice a pure wonder.

㉓ LES QUAIS DE L'ÎLE SAINT-LOUIS

« Les quais de l'île sont les créatures de l'eau, de la lumière et des saisons. »
André George (1937).

«The quays of the isle are the creatures of the water, of the light and the seasons.» André George (1937)

Plus petite que la Cité, l'île Saint-Louis a un caractère uniquement résidentiel. Longtemps inhabitée, puis entièrement lotie au cours du XVIIe siècle, elle a ensuite subi peu de transformations. Ses quais paisibles se prêtent bien à la flânerie. Ils sont bordés par de magnifiques demeures, souvent bâties par Le Vau : l'hôtel de Lauzun et l'hôtel Lambert comptent parmi les plus belles. De nombreux artistes – tel Charles Baudelaire – ont habité ici et se sont plu à évoquer le charme de ces bords de Seine. Sorte d'enclave intemporelle, c'est maintenant un des plus séduisants quartiers de Paris.

Smaller than the Ile de la Cité, the Ile Saint-Louis has a uniquely residential character. For a long time it was uninhabited then entirely divided into plots during the XVIIth century. It has changed little since then.

Its peaceful quays are perfectly adapted to strolling. They are bordered by magnificent dwellings, often built by Le Vau, the Hôtel de Lauzun and Hôtel Lambert counting among the most impressive. Numerous artists, such as Charles Baudelaire, have lived here and have enjoyed writing about the charm of the banks of the Seine. A sort of timeless enclave, it is today one of the most appealing areas of Paris.

24 LA PLACE DES VOSGES

« Il était dix heures du soir. Les grilles du square étaient fermées, la place des Vosges déserte… »
Georges Simenon (1932).

« It was ten o'clock at night. The gates of the square were closed, the place des Vosges deserted… »
Georges Simenon (1932).

« Place royale » : tel a été son nom pendant longtemps… et, bien que débaptisée, elle est bel et bien restée royale, donnant une impression souveraine de grâce et d'harmonie. Ses 36 pavillons offrent une parfaite unité, d'ailleurs codifiée par les clauses d'un édit du XVIIe siècle. Tous ont été édifiés avec de hauts toits d'ardoise, des galeries au rez-de-chaussée et des façades qui font alterner la brique et la pierre. Ils entourent un square garni d'arbres, de pelouses et de fontaines.
Une statue de Louis XIII rappelle que ce roi, encore bien jeune, inaugura la place en avril 1612 à l'occasion de ses fiançailles avec Anne d'Autriche. Mais celui qui en avait ordonné la construction, c'est son père, Henri IV, soucieux de remodeler l'urbanisme de sa capitale.
Dans le passé, ce cadre superbe a séduit plusieurs écrivains, en particulier Victor Hugo dont la maison, transformée en musée à l'angle sud-est, a conservé son décor intact. Plus tard, Colette y a résidé, ainsi que Georges Simenon, auteur d'un roman – *l'Ombre chinoise* – qui se déroule en ces lieux. La place, aujourd'hui, attire les nombreux flâneurs du Marais qui regardent ses galeries d'art ou s'attablent à ses terrasses de cafés.

« Place Royale » was its name for a long time… and, even though this name has been changed, it has remained very royal, giving the sovereign impression of grace and harmony.
Its 36 pavilions present a perfect unity, so much so that they were protected from change by the clauses of an edict from the XVIIth century. They were all built with slate roofs, galleries on the ground floor and facades alternating brick and stone. They surround a tree lined square with lawns and fountains.
A statue of Louis XIII reminds us that this King, while still very young, inaugurated the square in April 1612 on the occasion of his engagement to Anne of Austria. However the person who had commissioned the construction was his father, Henri IV, who was keen to remodel the layout of his capital.
In the past this superb setting has attracted several writers, in particular Victor Hugo whose home on the south-west corner, now transformed into a museum, has kept its decor intact. Later, Colette lived here, and also Georges Simenon author of a novel, *the Chinese Shadow,* which takes place here. The square today attracts the numerous strollers of the Marais who love to browse in the art galleries or people watch on the terraces of cafes.

25 L'HÔTEL DE SULLY

« Il est comme une horloge arrêtée. » Alexandre Gady (2002).

« It is like a clock stopped in time. » Alexandre Gady (2002).

Ouvrant sur la rue Saint-Antoine, l'hôtel de Sully est un des fleurons du Marais. Par chance, il a gardé (ou plutôt, il a récupéré après une restauration exemplaire) la totalité de son terrain et de ses bâtiments : successivement, un imposant portail d'entrée, une cour avec ses communs, un élégant corps de logis, enfin un grand jardin avec, au fond, une orangerie et un étroit passage débouchant sur la place des Vosges.
L'ensemble a été construit, sans doute par Jacques Androuet du Cerceau, entre 1625 et 1630 à la demande d'un propriétaire assez fantasque ; il avait la passion du jeu et perdit ses biens sur un coup de dés. En février 1634, l'hôtel fut acheté par Maximilien de Béthune, duc de Sully, ancien ministre des Finances de Henri IV.
Au XIXe siècle, délaissé comme les autres demeures aristocratiques du Marais, l'hôtel de Sully a été utilisé par des artisans qui y installèrent des ateliers. Scrupuleusement rénové vers 1970, il a retrouvé son éclat ancien. Le Centre des monuments nationaux en a fait son siège et l'a doté d'une librairie consacrée au patrimoine français. Dans la journée, les piétons peuvent le traverser de part en part ; c'est toujours un enchantement.

Opening onto the rue Saint-Antoine, the Hôtel de Sully is one of the jewels of the Marais. Luckily, it has kept (or should I say it has recovered after a perfect restoration) the totality of its land and its buildings. Successively, an imposing entrance, a courtyard with its service quarters, an elegant corps de logis, and finally a large garden with, at the bottom, an orangerie and a narrow passage leading to the place des Vosges.
It was all built, without a doubt, by Jacques Androuet du Cerceau between 1625 and 1630 by demand of an owner who was quite whimsical. He had a passion for gambling and was capable of losing all his worldly goods on the throw of a dice. In February 1634 the town house was bought by Maximilien de Béthune, Duke de Sully, who was the Minister of Finances of King Henri IV.
In the XIXth century, abandoned like all of the other aristocratic abodes of the Marais, the Hôtel de Sully was used by artisans who set up their workshops here. Carefully renovated around 1970, it found its old sparkle again. The Centre of National Monuments made its headquarters here equipped with a bookshop dedicated to French Patrimony. During the daytime pedestrians can stroll inaround, it is always magical.

26 L'ÉGLISE SAINT-PAUL

« Le Carême qu'il prêcha à Paris, dans l'église de Saint-Paul, en l'année 1650, fit du fracas. » Pierre Bayle (1740).

« The Lent service that he preached in Paris, in the Saint-Paul church in the year 1650, would create a storm. » Pierre Bayle (1740).

Nommé d'abord « église Saint-Louis-des-Jésuites », puis placé sous le double patronage de saint Paul et de saint Louis, cet édifice est un parfait exemple français du style baroque (dit aussi jésuite) emprunté à l'Italie. Sa façade où s'étagent colonnes et corniches, sa nef abondamment éclairée et son harmonieuse coupole sont révélatrices de l'architecture cossue alors prônée par la Contre-Réforme.

Si Louis XIII a posé la première pierre en 1627, c'est le cardinal de Richelieu qui dit la première messe le 9 mai 1641. Très vite, dans ce quartier du Marais habité par l'aristocratie, l'église est fréquentée par d'illustres paroissiens comme le Grand Condé et la marquise de Sévigné. Des prédicateurs connus y font assaut d'éloquence : Bossuet prononce certaines de ses oraisons funèbres, Bourdaloue fait sensation en prêchant le carême avec une vigueur inaccoutumée.

Outre un bel orgue de 1871, l'intérieur contient des œuvres d'art remarquables, comme une statue de Vierge sculptée par Germain Pilon et un *Christ au jardin des Oliviers* peint par Eugène Delacroix. À l'entrée, deux grands coquillages servant de bénitiers ont été offerts par Victor Hugo pour le mariage de sa fille Léopoldine.

Firstly named the « Church of Saint-Louis-of-the-Jesuits », and then placed under the double patronage of Saint Paul and Saint Louis, this edifice is a perfect French example of the baroque (also known as Jesuit) style, copied from Italy. Its facade with its columns and corniches, its well-lit nave and harmonious dome are all indicators of the opulent architecture so admired by the Counter Reformation.

If Louis XIII laid the first stone in 1627, it was Cardinal Richelieu who said the first mass on the 9th May, 1641. Very quickly, in this district of the Marais inhabited by the aristocracy, the church was frequented by some very illustrious parishioners such as the Grand Condé and the Marchioness de Sévigné. Some famous preachers also tried out their eloquence here, Bossuet pronounced certain of his funeral orations, Bourdaloue created a sensation in preaching the Lent service with unaccustomed vigour.

As well as a magnificent organ from 1871, the interior contains some remarkable art work, such as a statue of the Virgin sculpted by Germain Pilon and a *Christ in the Garden of the Olive Trees* painted by Eugène Delacroix. At the entrance, two huge seashells used as fonts were given by Victor Hugo for the marriage of his daughter Léopoldine.

27 LA TOUR SAINT-JACQUES

« Car une fille, faite au tour, / Devait aller m'attendre autour, / Tout autour de la Tour / Saint-Jacques. »
Édouard Hachin (1874).

« For a girl in a good shape, / Should wait for me around, / All around the Tower / Saint-Jacques. »
Édouard Hachin (1874).

La tour Saint-Jacques, campée en lisière de la rue de Rivoli, a décidément fière allure. Mesurant 52 mètres de haut, elle domine largement les arbres du square qui l'entoure. Elle a été élevée au début du XVIe siècle dans le pur style gothique flamboyant. De longues nervures, incisant sa pierre blanche récemment décapée, accentuent son caractère vigoureux et élancé.
C'était le clocher de l'église Saint-Jacques-de-la-Boucherie, dont il constitue le seul élément subsistant. Le reste de la construction, considéré comme bien national à l'époque de la Révolution, a été démoli par son acheteur, qui en récupéra les pierres pour les vendre. La statue de saint Jacques le Majeur qui culminait au sommet du clocher a été alors détruite ; le XIXe siècle en sculpta une autre, toujours en place aujourd'hui.
À cause de son saint patron, la tour marque le point de départ pour les Parisiens du pèlerinage conduisant à Saint-Jacques-de-Compostelle. Tout au long des siècles, elle a vu d'innombrables pèlerins venir faire leurs dévotions à son pied avant de s'élancer sur les routes vers l'Espagne, le bourdon à la main. C'est à ce titre qu'elle a été classée en 1998 au patrimoine mondial de l'Unesco.

The Saint-Jacques tower, planted on the edge of rue de Rivoli, has a decidedly proud appearance. Measuring 52 metres high it easily dominates the trees of the square surrounding it. It was built at the beginning of the XVIth century in a pure flamboyant gothic style. Long ribs cutting into its recently cleaned white stone accentuate its strong and slender character.
It was the bell tower of the Saint-Jacques-de-la-Boucherie church, of which it is the only remaining element. The rest of the building, considered to be a national commodity at the time of the Revolution, was demolished by its buyer who recuperated the stones and sold them. The statue of Saint Jacques le Majeur which culminated at the top of the tower was therefore destroyed. The XIXth century saw a new one sculpted which is still in place today.
Because of its patron saint the tower marks the departure point for Parisians of the pilgrimage going to Saint-Jacques-de-Compostelle. Across the centuries it has seen countless pilgrims coming to express their devotion at its feet before setting off on the road to Spain, stick in hand. It is in this context that it was classed by Unesco as a World Heritage Site in 1998.

28 LA SORBONNE

« Comment penser librement à l'ombre d'une chapelle ? » Graffiti anonyme (mai 1968).

« How can you think freely in the shadow of a chapel? » Anonymous graffiti (May 1968).

Pour le promeneur, la Sorbonne apparaît d'abord comme une petite place bordée, d'un côté, par le boulevard Saint-Michel et, de l'autre, par une majestueuse chapelle du XVIIe siècle inspirée par le goût italien. Mais c'est aussi un vaste ensemble de constructions réalisées de 1885 à 1901 pour accueillir l'université de Paris. Ces bâtiments n'en sont maintenant qu'une composante parmi beaucoup d'autres.

À l'origine de tout, y compris du nom, il y a un homme : Robert de Sorbon, chapelain du roi saint Louis. Le 21 octobre 1250, la reine Blanche de Castille lui cède « une maison » et « les écuries contiguës », situées « dans la rue Coupe-Gueule ». C'est là qu'il fonde en 1253 un collège qui, ouvert aux étudiants les moins fortunés, est destiné à enseigner – cela va de soi à cette époque – la théologie et la morale. En 1271, il crée un second collège pour la philosophie et les humanités.

Un autre homme va jouer plus tard un rôle important dans l'organisation et le prestige de la Sorbonne : le cardinal de Richelieu qui, après y avoir étudié dans sa jeunesse, en devint le proviseur peu avant d'être nommé ministre de Louis XIII. La chapelle qu'il avait fait bâtir sur place contient son tombeau.

For the stroller the Sorbonne first appears as a small square bordered, on one side, by the boulevard Saint-Michel and, on the other, by a majestic chapel from the XVIIth century inspired by Italian style. However it is also a vast group of constructions built from 1885 to 1901 as home to the University of Paris. These buildings are now only a small part of it among many others.

At the origins of it all, including the name, there was a man, Robert de Sorbon chaplain of King Saint Louis. The 21st October, 1250, Queen Blanche of Castille conceded him « *a house* » and « *the adjoining stables* », situated « *in the rue Coupe-Gueule* ». It was there that he founded a school for students from poor families in 1253, which was created to teach, it goes without saying at that time, theology and morals. In 1271 he created a second college for philosophy and classics.

Another man would later play an important role in the organisation and the prestige of the Sorbonne, Cardinal Richelieu, who, after having studied here when he was young, became the Principal a little before being named Minister of Louis XIII. The chapel which he had built on this site contains his tomb.

29 L'ÉGLISE DU VAL-DE-GRÂCE

« Ce dôme avec cette coupelle / S'élève bien haut dans les cieux. / Pense-t-il nous crever les yeux, / Faisant en l'air la girondelle ? » Claude Le Petit (1658).

« This dome with this cupola / Rises very high in the sky. / Does it think it stands out a mile/ Turning the weathervane? » Claude Le Petit (1658).

Sa coupole, qui ressemble – en plus petit – à celle de la basilique Saint-Pierre de Rome, est l'une des plus belles de Paris. D'ailleurs on peut dire de l'édifice entier qu'il est, sur le sol français, une greffe réussie de l'art baroque venu d'Italie. À l'intérieur, le baldaquin qui surmonte le maître-autel et les fresques de Mignard en donnent des preuves évidentes. Plusieurs architectes ont travaillé à la construction, à commencer par François Mansart.
La reine Anne d'Autriche, sa fondatrice, a voulu faire de cette église un immense ex-voto. Il s'agissait pour elle d'exécuter son vœu d'élever un sanctuaire à la Vierge mère et à l'Enfant Jésus si elle mettait au monde un fils. La naissance de Louis XIV, vingt-trois ans après son mariage, fut pour elle un signe du ciel. Les travaux, entamés en 1645, s'achevèrent un an après sa mort, en 1667.
À cette époque, l'église du Val-de-Grâce dépendait d'un couvent qu'Anne d'Autriche avait fait bâtir à cet emplacement une vingtaine d'années auparavant. En 1793, la Convention le transforma en hôpital militaire. Il l'est resté depuis lors, même si de nouveaux locaux, plus appropriés à la médecine moderne, ont été ajoutés en 1979 dans l'enceinte du jardin.

Its cupola, which looks a little like that of the Saint-Peter basilica of Rome on a smaller scale, is one of the most handsome in Paris. We can even say that the whole building is a successful transplant of Italian baroque art on French soil. Inside the canopy over the high altar and the frescoes by Mignard are obvious proof. Several architects worked on the construction, starting with François Mansart.
Queen Anne of Austria, its founder, wished to make this church an immense votive offering. It was important for her to carry out her wish to build a sanctuary to the Virgin Mother and to the Baby Jesus if she was blessed with a son. The birth of Louis XIV, twenty-three years after her marriage, was, for her, a sign from heaven. The work, started in 1645, would be completed a year after her death in 1667.
At this time, the Val-de-Grâce church depended on a convent which Anne of Austria had commissioned on this spot about twenty years earlier. In 1793 the Convention transformed it into a military hospital. It has remained a hospital ever since, with new buildings, more suitable to modern medecine, being added in 1979 in the garden enclosure.

IESV NASCENTI VIRGINIQ MATRI

30 LE PANTHÉON

« Le sanctuaire de notre mémoire collective. » François Mitterrand (1995).

« The sanctuary of our collective memory. » François Mitterrand (1995).

Si modeste que soit la « montagne » Sainte-Geneviève, elle permet au Panthéon, qui trône au sommet, d'être visible de partout. Situation idéale pour un monument suprêmement symbolique ! Ce temple laïque sert en effet de dernière demeure aux héros de la nation, ce que rappelle la formule célèbre inscrite au fronton : « Aux grands hommes la patrie reconnaissante ». Son architecte, Germain Soufflot, en a fait une œuvre originale, parfaitement représentative du néoclassicisme.
Commandé par Louis XV, l'édifice a été conçu d'abord pour être une église comme l'atteste son plan en forme de croix grecque. Mais, terminé au début de la Révolution, il ne fut pas consacré comme église. L'Assemblée constituante, voulant y déposer les restes de Mirabeau, décida d'en faire un « Panthéon » (terme emprunté à l'Antiquité) et de le réserver aux héros de la République.
Ils sont actuellement 71 à avoir été inhumés dans la crypte. Parmi eux, on est stupéfait de n'y trouver qu'une femme : Marie Curie, double prix Nobel. Beaucoup de militaires et de politiques y portent des noms oubliés, mais les écrivains y gardent leur notoriété : Voltaire, Rousseau, Hugo, Zola et le dernier « panthéonisé », Alexandre Dumas.

As modest as the Sainte-Geneviève « montagne » (mountain) is, it allows the Panthéon, which thrones on the summit, to be seen from all around. Ideal setting for a supremely symbolic monument! This secular temple is the resting place of the heros of the nation, as we are reminded by the famous words inscribed on the pediment « To important men the homeland is grateful. » Its architect, Germain Soufflot, has turned it into a very original work, perfectly representative of neo-classicism.
Commissioned by Louis XV, the building was originally designed as a church and its form is that of a Greek cross. However, completed at the start of the Revolution, it was not able to be consecrated as a church. The Constituant Assembly, wishing to place the remains of Mirabeau here, decided to make it into a « Panthéon » (a term borrowed from Antiquity) and to reserve its usage for heros of the Republic.
They are actually 71 to have been buried in the crypt. Among them we are astonished to find only one woman, Marie Curie double Nobel prize winner. Many soldiers and politicians here have names we have forgotten, but the writers buried here are very well-known, Voltaire, Rousseau, Hugo, Zola and the last to be « pantheonised », Alexandre Dumas.

AUX GRANDS HOMMES LA PATRIE RECONNAISSANTE

31 LES ARÈNES DE LUTÈCE

« Les Parisiens du XXe siècle reprendront, comme leurs aïeux d'il y a dix-huit cents ans, le chemin des antiques arènes. » Fernand Bournon (1908).

« The Parisians of the XXth century will use again, as did their ancestors from eighteen hundred years ago, the path of the ancient arenas. » Fernand Bournon (1908).

Le plus ancien monument de Paris est l'un des mieux cachés. Proche de deux voies fréquentées, la rue Monge et la rue Linné, il n'est accessible que par la discrète rue de Navarre. Cette construction gallo-romaine, érigée au Ier siècle de notre ère, n'existe plus que sous forme de vestiges, mais elle est devenue un havre de tranquillité, encadré d'arbres et de pelouses. Les enfants du quartier en ont fait leur terrain de jeux favori.

À l'origine, c'était un amphithéâtre qui pouvait contenir 15 000 personnes, assises sur des gradins entourant une piste en forme d'ellipse ; la structure en a été reconstituée en partie. Pendant au moins deux siècles, il a accueilli des représentations théâtrales, des combats de gladiateurs et d'animaux sauvages, ainsi que d'autres jeux du cirque. Au cours du Moyen Âge, le lieu fut abandonné, puis oublié.

Des travaux engagés sous le Second Empire permirent d'en retrouver les restes… aussitôt promis au démantèlement. Une longue polémique se déclencha alors. Les archéologues et les amoureux des ruines ont finalement réussi à sauver les arènes, grâce à l'appui décisif que leur apportèrent un grand historien, Victor Duruy, et un célèbre écrivain, Victor Hugo.

The oldest monument of Paris is also one of the most hidden. Close to two busy streets, the rue Monge and the rue Linné, it can only be reached by the very discreet rue de Navarre. This Gallo-Roman construction, built in the Ist century of our era, only exists in the form of remains, but it has become a haven of tranquility, surrounded by trees and lawns. The children of the area have turned it into their favourite play area.

In the beginning it was an amphitheatre which could hold 15,000 people, seated on tiered seats surrounding an semi-circular amphitheatre, of which the structure has been partly reconstructed. For at least two centuries, it featured theatrical representations and combats between gladiators and wild animals, as well as other circus acts. During the Middle Ages the place was abandoned, then forgotten.

Work started under the Second Empire allowed the remains to be discovered… and straight away it was announced that they intended to demolish the remains. A long polemic was then set off. The archeologists and fans of old ruins finally managed to save the arenas, thanks to the decisive support brought by an important historian, Victor Duruy, and a famous writer, Victor Hugo.

ARENES DE LVTECE
PARTIE NORD DECOUVERTE EN 1869
PARTIE SUD MISE AU JOUR EN 1883-1885
L'ENSEMBLE RESTAURE EN 1917-1918

32 LE JARDIN DES PLANTES

« Jardin miraculeux, posé sur les rives de la Seine par quelque main bienfaisante. » Jules Janin (1842).

« Miraculous garden, placed on the banks of the Seine by a well-meaning hand. » Jules Janin (1842).

Une perspective de cinq cents mètres de long qui s'étend en direction de la Seine et dont les fleurs se renouvellent à chaque saison : telle est la première vision offerte par le Jardin des plantes. Mais il est aussi bien plus que cela, car, inséparable de la ménagerie et du Muséum d'histoire naturelle, c'est vraiment un monde en réduction. Anatole France avait raison d'en faire, quand il était enfant, *« un lieu saint assez semblable au Paradis terrestre »*.

Créé sous le nom de « Jardin du roi » en 1635, il s'est d'abord spécialisé dans les plantes médicinales, avant de s'ouvrir à de véritables recherches botaniques. Au XVIIIe siècle, Buffon, resté son intendant pendant près de cinquante ans, y introduit un véritable esprit scientifique. Certains arbres continuent d'entretenir son souvenir : il est toujours émouvant de passer devant un énorme platane d'Orient qu'il a planté de ses mains en 1785.

Le jardin contient de nombreux spécimens rares, tandis que de gigantesques serres présentent une luxuriante végétation exotique. Dépaysement également garanti du côté de la ménagerie, réservée aux animaux de petite taille. Pandas, tortues et panthères des neiges y sont les préférés des enfants.

A perspective of five hundred metres long which spreads in the direction of the Seine and whose flowers renew themselves with each season, such was the first vision offered by the Jardin des Plantes. However it is also much more than that as, inseparable from the zoo and Natural History museum, it is really a reduced world of its own. Anatole France was right when, as a child, he found it to be *« a holy place like an earthly Paradise »*.

Created under the name of « Garden of the King » in 1635, it firstly specialised in medicinal plants before extending into real botanic research. In the XVIIIth century, Buffon, who remained its intendant during almost fifty years, introduced a real scientific programme. Certain trees continue to keep his memory alive, it is still very moving to pass in front of an enormous Oriental plane which he planted with his own hands in 1785.

The garden boasts numerous rare specimens while the gigantic greenhouses display a luxurious exotic vegetation. Change of scenery also guaranteed in the menagery, which is reserved for smaller animals. Pandas, tortoises and snow panthers are some of the favourites of the children.

PLATANE D'ORIENT
PLATANUS ORIENTALIS L.
Platanaceae
Planté par BUFFON en 1785

33 LE MUSÉE DE CLUNY

« On peut descendre là les marches mêmes de l'histoire la plus vieille de Paris. » Léo Larguier (1949).

« We can go down stairs there that are the oldest in the history in Paris. » Léo Larguier (1949).

Sa véritable appellation le désigne comme « musée national du Moyen Âge », mais son nom courant rappelle qu'il est, depuis sa création, associé aux thermes de Cluny. Ceux-ci, construits il y a près de deux mille ans, montrent leurs énormes murs de brique à l'angle des boulevards Saint-Germain et Saint-Michel. Un peu au sud un bâtiment du xve siècle, d'aspect romantique, abrite les collections du musée proprement dit.

Cet hôtel particulier, résidence parisienne des abbés de la puissante abbaye bourguignonne de Cluny, est occupé à partir de 1832 par un homme qui se passionne pour l'histoire médiévale : Alexandre Du Sommerard. Collectionneur aussi acharné que compétent, il laisse d'authentiques trésors à sa mort en 1842. Ce sera le premier fonds du musée, qui s'installe dans son ancien domicile racheté par l'État.

Parmi les merveilles qu'il expose, la tapisserie de *la Dame à la licorne* est assurément la plus connue. Mais il possède bien d'autres joyaux : orfèvrerie, vitraux, émaux, enluminures, etc. Depuis leur découverte fortuite en 1977, il présente aussi les précieuses têtes de la galerie des rois, jetées à bas de la façade de la cathédrale Notre-Dame par les révolutionnaires de 1793.

Its real name proclaims it the « National Museum of the Middle Ages », but its more usual name reminds us that it is, since its creation, associated with the thermal baths of Cluny. The latter, built almost two thousand years ago, show their enormous stone walls on the corner of boulevards Saint-Germain and Saint-Michel. A little to the south, a building from the xvth century, with a romantic aspect, houses the collections of the museum itself.

This town house, Parisian residence of the abbots of the powerful Burgundy abbey of Cluny, was occupied from 1832 by a man with a passion for medieval history, Alexandre Du Sommerard. A collector who was as tenacious as he was competent, he left many authentic treasures when he died in 1842. This provided the first riches of the museum, which was installed in his old home when bought by the State.

Among the wonders exhibited here, the tapestry of *the Lady and the Unicorn* is surely the most famous. However it also boasts other treasures, silver and gold pieces, stained glass, enamels, illuminations, etc. Since their fortunate discovery in 1977, it also presents the precious heads from the gallery of Kings, torn down from the facade of the Notre-Dame cathedral by the revolutionaries of 1793.

34 LA GRANDE MOSQUÉE DE PARIS

« La véritable mosquée est celle qui est construite au fond de l'âme. » Proverbe arabe.

« The real mosque is that which is built in the depths of the soul. » Arab proverb.

Un minaret haut de 33 mètres qui surplombe un grand quadrilatère aux murs blancs et aux toits verts : voici la grande mosquée de Paris, à l'arrière du jardin des Plantes. Sa mission dépasse d'ailleurs largement le cadre religieux ; c'est une institution culturelle et une école, auxquelles s'ajoutent un hammam, une boutique, un restaurant et un café maure, sans parler des jardins. Le tout s'étend sur 7 500 m².

Projet ancien plusieurs fois ajourné, la construction de cette mosquée finit par devenir réalité après la Première Guerre mondiale, l'idée étant alors de rendre hommage aux soldats musulmans morts au combat. Financés par la France, les travaux s'achèvent en 1926. Le 16 juillet, l'inauguration réunit Gaston Doumergue, président de la République, et Moulay Youssef, sultan du Maroc.

L'architecture de l'édifice s'inspire du style hispano-mauresque. La décoration, très soignée, a été réalisée par des équipes d'artisans maghrébins, tous excellents dans leur domaine : sculptures, boiseries, mosaïques... Le seuil passé, le visiteur croit se retrouver de l'autre côté de la Méditerranée. Surtout s'il va manger un couscous ou boire un thé à la menthe, accompagné d'une délicieuse corne de gazelle !

A minaret 33 metres high overlooks a grand quadrilateral with white walls and green roofs, this is the great mosque of Paris, behind the Jardin des Plantes. Its mission goes above and beyond a purely religious setting, it is also a cultural institution and a school, as well as which there is a hammam, a boutique, a restaurant and a Moorish cafe, without mentioning the gardens. In all it spreads over 7,500 m².

An old project which had already been delayed several times, the completion of this mosque finally became reality after the First World War, the idea being to pay homage to Muslim soldiers who died in combat. Financed by France, work was finished in 1926. On the 16th July the inauguration reunited Gaston Doumergue, president of the Republic, and Moulay Youssef, the Sultan of Morocco.

The architecture of the building takes its inspiration from Hispano-Moorish style. The decoration, very attentive to detail, was carried out by teams of North African craftsmen, all excellent in their field, sculptures, wood panelling, mosaics... Once over the threshold, the visitor could easily believe that he was on the other side of the Mediterranean, especially if he wanted to eat couscous or drink mint tea, accompanied by a delicious honey covered pastry of course!

35 L'INSTITUT DE FRANCE

« L'Académie ? Le commun des immortels. »
Jules Renard (1904).

« The Academy? The place of immortals. »
Jules Renard (1904).

L'Institut de France est surtout connu pour l'Académie française, dont les quarante membres, écrivains éminents, sont dits « immortels » – non sans ironie ! Mais il inclut quatre autres académies. Leur siège est quai de Conti, dans un palais classique couronné par une coupole au dessin très pur.
La fondation de l'Académie française est due au cardinal de Richelieu selon des statuts approuvés par le roi Louis XIII en 1635. Les autres académies l'ont rejointe plus tard. Dessinés par Louis Le Vau, les bâtiments ont été construits de 1662 à 1688, financés par des fonds légués par le cardinal Mazarin.

The Institut de France is mainly known for the French Academy, whose forty members, eminent writers, are known as « immortals », not without irony! It also includes four other academies. Their headquarters is on quai de Conti, in a classical palace which is crowned by a cupola with a very pure form.
The foundation of the French Academy is due to Cardinal Richelieu according to the statutes approved by King Louis XIII in 1635. The other academies came along later. Designed by Louis Le Vau, the buildings were constructed from 1662 to 1688 and financed by funds bequeathed by Cardinal Mazarin.

36 LE PONT DES ARTS

« Si par hasard/sur l'pont des Arts,/ Tu croises le vent, le vent fripon… » Georges Brassens (1954).

« If by chance/on the pont des Arts,/ You come across the wind, the mischievous wind… » Georges Brassens (1954).

Réservé aux piétons, le pont des Arts franchit la Seine entre l'Institut de France et la cour Carrée du Louvre. Si le Parisien l'emprunte d'un pas pressé, le touriste s'y attarde volontiers car il offre de très beaux points de vue sur les quais et l'île de la Cité. Ce fut d'abord une simple passerelle, créée en 1804 par Bonaparte, alors Premier consul. Dotée d'un péage et construite en fonte, elle a été le premier pont métallique de la capitale. On l'a refaite en 1984, cette fois en acier et avec des arches moins nombreuses (cinq au lieu de neuf) pour ne pas gêner la circulation des bateaux.

A pedestrian bridge, the pont des Arts crosses the Seine between the Institut de France and the Cour Carrée of the Louvre. The Parisians hurry across without even looking, the tourist will happily take his time as this bridge offers the most beautiful view points over the banks of the Seine and the Ile de la Cité.
In the beginning it was a simple footbridge, created in 1804 by Bonaparte, at the time Premier Consul.Then a toll bridge, built in lead, it was the first metallic bridge of the capital. It was rebuilt in 1984, this time in steel and with less arches (five instead of nine) in order not to disturb the river traffic.

37 LA PLACE SAINT-GERMAIN-DES-PRÉS

«*Il n'y a plus d'après / À Saint-Germain-des-Prés… / Il n'y a qu'aujourd'hui.*» Guy Béart (1960).

«There is no after / At Saint-Germain-des-Prés… / There is only today.» Guy Béart (1960).

C'est le territoire des métamorphoses : d'abord haut lieu spirituel, puis quartier aristocratique, il devient au xxe siècle le rendez-vous des intellectuels, avant de se laisser peu à peu gagner par les paillettes des grandes marques de prêt-à-porter. Mais les modes passent et, alentour, les terrasses de cafés restent aussi hospitalières, au bas du beau clocher roman qui est devenu philosophe à sa façon.

Tout a commencé par une abbaye fondée au vi^{e} siècle. Située en dehors de l'enceinte du Paris médiéval, elle possédait un vaste domaine agricole, comprenant les fameux prés qu'on a accolés à son nom. La Révolution, qui l'a dépecée, a cependant épargné l'église dont la plus grande partie date des xie et xiie siècles.

Du fait des grands travaux du Second Empire, elle s'est trouvée à un carrefour important, au débouché de la rue de Rennes. Les écrivains s'y retrouvaient volontiers et surtout, vers la fin de la Seconde Guerre mondiale, l'endroit a été le lieu favori des existentialistes ; Jean-Paul Sartre et Simone de Beauvoir faisaient du café de Flore leur second domicile ; Juliette Gréco et Boris Vian animaient les cabarets voisins. La légende de Saint-Germain-des-Prés était lancée…

This is the territory of metamorphosis. It was in the beginning an important spiritual place, then an aristocratic district and it became the meeting place of intellectuals during the xxth century, before becoming, little by little, won over by the glamour of the big fashion names. However fashion changes and, all around, the cafe terraces remain just as welcoming, underneath the handsome Roman clock tower which has become a philosopher in its own way.

It all began with an abbey founded in the vith century. Situated outside the city walls of medieval Paris, it owned a vast area of famland, including the famous fields («prés») which make up part of its name. The Revolution, which divided it up nonetheless spared the church of which the main part dates from the xith and xiith centuries.

Because of the important works of the Second Empire, the church found itself on an important crossroads, at the end of the rue de Rennes. Writers loved to meet up here and, especially towards the end of the Second World War, it became the favourite place of the existentialists, Jean-Paul Sartre and Simone de Beauvoir made the Café de Flore their second home, while Juliette Gréco and Boris Vian performed in the neighbouring cabaret clubs. The legend of Saint-Germain-des-Prés was launched…

LES DEUX MAGOTS

38 LE CARREFOUR DE BUCI

« Chère Buci de ma jeunesse ! » André Salmon (1949).

« Dear Buci of my youth! » André Salmon (1949).

Typique du vieux Paris de la rive gauche, le carrefour de Buci n'est pas bien vaste, mais il déborde d'animation. Car il marque l'intersection de six rues, dont la rue Dauphine, la rue Saint-André-des-Arts et, bien sûr, la rue de Buci. Boutiques et bistrots contribuent à l'effervescence et à la convivialité générales.
Le quartier a commencé à se construire vers 1350. C'est pourquoi les maisons qui s'y trouvent auraient certainement beaucoup de choses à raconter : l'une d'elles ouvrait sur un jeu de paume où Molière a joué la comédie et où la troupe de l'Opéra-Comique s'est installée un peu plus tard ; une autre a hébergé, en 1732, la première loge maçonnique de Paris. Ici, le café Procope a entendu Diderot et d'Alembert élaborer le projet de l'*Encyclopédie*. À deux pas, une chambre de la rue Mazarine a vu Champollion parvenir, le premier, à déchiffrer les hiéroglyphes de l'Égypte ancienne le 14 septembre 1822. Enfin, c'est du carrefour de Buci que jaillit, en 1848, le cri « Vive la République ! » qui allait investir Paris et renverser la monarchie de Juillet.
Il n'est pas étonnant que bon nombre de ces demeures soient classées aux monuments historiques, y compris de simples cafés !

Typical of the old Paris of the left bank, the Buci crossroads is not very big but overflows with animation. It marks the intersection of six streets, including the rue Dauphine, rue Saint-André-des-Arts and, of course, rue de Buci. Boutiques and bistros contribute to the effervescence and general conviviality.
The area started to be built on around 1350. This is why the houses that can be found here would surely have lots of tales to tell, one of them opened on a real tennis court where Molière performed his plays and where the troop of the Opera-Comique set up a little later. Another housed, in 1732, the first masonic lodge of Paris. Here the café Procope heard Diderot and d'Alembert elaborate the project of *Encyclopaedia*. Two steps away, a bedroom on rue Mazarine saw Champollion arrive in the world. He would become the first person to decipher ancient Egyptian hieroglyphics on the 14th September, 1822. Lastly, it was the Buci crossroads which resounded, in 1848, with the cry « Long live the Republic! » which would commit to Paris and overthrow the July monarchy.
It is not surprising that a number of these dwellings are classed historical monuments, including some of the cafes!

NICOLAS
COIFFIRST

39 L'ÉGLISE SAINT-SULPICE

« Le secret que renferme Saint-Sulpice est ailleurs. » Dan Brown (2003).

« The secret hidden behind Saint-Sulpice is elsewhere. » Dan Brown (2003).

Depuis qu'un roman à succès – le *Da Vinci Code* de Dan Brown – a braqué sur elle les projecteurs médiatiques, l'église Saint-Sulpice fait l'objet, pour beaucoup, d'une redécouverte. Cela amuse les vieux amoureux de Paris, qui connaissent bien ce monument un peu solennel mais fortement inscrit dans le paysage de la rive gauche.

Sa construction, commencée au milieu du XVIIe siècle, ne s'est achevée qu'en 1788. Les principaux architectes en sont Louis Le Vau, auteur des premiers plans, puis Servandoni qui a pris le relais en 1732. La façade actuelle, bien que privée de son fronton triangulaire très vite abattu par la foudre et jamais rétabli ensuite, s'impose par sa rigueur et sa majesté. Le recul permis par les dimensions de la place qui précède l'édifice renforce cette apparence assez théâtrale.

Le mobilier intérieur est particulièrement riche : buffet d'orgue sculpté par Clodion, chaire rehaussée de dorures, fresques remarquables d'Eugène Delacroix, en particulier sa *Lutte de Jacob avec l'Ange*... Il ne faut pas oublier le fameux gnomon, instrument de mesure astronomique qui sert à déterminer la position du soleil et auquel le romancier américain prête une signification imaginaire.

Since a very successful novel, the *Da Vinci Code* by Dan Brown, put this church in the spotlight, Saint-Sulpice has become the object of a rediscovery for many people. This makes the old lovers of Paris laugh, they already knew this monument which is a little pompous but strongly present in the panorama of the left bank.

Its construction, started around the middle of the XVIIth century but was only completed in 1788. The main architects were Louis Le Vau, responsible for the plans, then Servandoni who took over in 1732. The actual facade, although deprived of its triangular pediment very quickly as it was destroyed by lightening and never replaced afterwards, is imposing by its severity and its majesty. The distance allowed by the size of the square in front of the edifice reinforces this very theatrical appearence.

The interior furnishing is particularly rich, a buffet organ sculpted by Clodion, a gilded pulpit, remarkable frescoes by Eugène Delacroix, in particuliar his *Jacob Wrestling with the Angel*... We mustn't forget the famous gnomon, instrument of astronomic measure used to determine the position of the sun, to which the American novelist gives an imaginary signification.

40 LE THÉÂTRE DE L'ODÉON

« Le théâtre est un géant qui blesse à mort tout ce qu'il frappe. » Pierre-Augustin de Beaumarchais (1778).

« The theatre is a giant who mortally wounds all he strikes. » Pierre-Augustin de Beaumarchais (1778).

Tournant le dos au jardin du Luxembourg, ouvrant sur une place en demi-cercle d'où cinq rues rayonnent harmonieusement, le théâtre de l'Odéon date du règne de Louis XVI, comme le montrent bien ses lignes sobres et son portique à colonnade. Longtemps annexe de la Comédie-Française, il est actuellement « Théâtre de l'Europe » et présente à ce titre une programmation ouverte aux pays voisins.

L'inauguration en avril 1782 est suivie, deux ans plus tard, par la création du *Mariage de Figaro* de Beaumarchais, comédie dont les hardiesses préfigurent les revendications de 1789. Puis, la salle sera détruite par un incendie et reconstruite à l'identique. Elle s'affirmera très longtemps comme un lieu de création et d'invention : en 1827, elle fait découvrir le génie de Shakespeare au public français ; en 1869, la jeune Sarah Bernhardt y remporte son premier triomphe.

Au XXe siècle, l'Odéon va connaître aussi de grands succès, notamment sous la direction de Jean-Louis Barrault. Certaines œuvres ont quelquefois provoqué de violents remous, proches du scandale, comme ce fut le cas des *Paravents* de Jean Genet, en 1966. L'année précédente, André Malraux avait fait peindre le plafond par André Masson.

Turning its back on the Luxembourg gardens, opening onto a semi-circular square from where five streets harmoniously radiate, the Odéon Theatre dates from the time of Louis XVI, shown by its simple lines and its portico with colonnade. For a long time the annexe of the Comédie-Française, it is actually the « Theatre of Europe » and presents in this role a programmation opened to neighbouring countries.

The inauguration, in April 1782, was followed, two years later, by the creation of the *Marriage of Figaro* by Beaumarchais, a comedy in which the audacity heralded the revendications of 1789. The theatre was then destroyed by fire before being reconstructed in identical style. It would be known for a long time as a place of creation and invention and, in 1827, it brought the genius of Shakespeare to the French public. In 1869 the young Sarah Bernhardt carried off her first triumph here.

The success of the Odéon would continue during the XXth century, especially under the direction of Jean-Louis Barrault. Certain works sometimes provoked a violent backwash, even scandal, as in the case of les *Paravents (The Screens)* by Jean Genet, in 1966. The previous year André Malraux had the ceiling painted by André Masson.

41 LE JARDIN DU LUXEMBOURG ET LE SÉNAT

« Le jardin du Luxembourg est le rendez-vous des gens sensés, des religieux, des philosophes et des bons ménages. » Carlo Goldoni (1787).

« The Luxembourg Garden is the meeting place of sensible people, nuns, philosophers and happy couples » Carlo Goldoni (1787).

Vingt-trois hectares au cœur de la rive gauche, c'est un très grand espace pour une ville qui n'a jamais prétendu se donner de faux airs de campagne… Ancien jardin princier, il a échappé aux atteintes des promoteurs parce qu'il dépend du palais du Luxembourg, siège du Sénat.

Cet édifice a été la résidence personnelle de la reine Marie de Médicis. Ayant acheté un vaste terrain appartenant au duc de Luxembourg (dont le nom s'est maintenu), elle demande à Salomon de Brosse d'y bâtir un palais d'inspiration florentine, où elle s'installe en 1625. Resté dans la famille royale jusqu'à la Révolution, le palais du Luxembourg abrite ensuite le Directoire, puis le Consulat, avant d'être dévolu au Sénat sous le Premier Empire. Le bâtiment initial est alors sensiblement agrandi.

Le jardin, ouvert à tous dans sa quasi-totalité, se souvient partiellement des aménagements à la française dessinés par André Le Nôtre en 1635 ; mais il comporte aussi un secteur planté à l'anglaise. Peuplé de nombreuses statues (106 au dernier recensement), il est très apprécié pour ses bassins et ses fontaines, dont la fameuse fontaine Médicis. À quoi il faut ajouter un musée, des serres, un verger et bien d'autres curiosités.

Twenty three hectares in the heart of the left bank, a very large area for a city which has never pretended to be bucolic… Ancient Royal garden, it has escaped the grasps of developers because it is part of the Luxembourg Palace, headquarters of the Senate.

This building was the personal residence of Queen Marie de Médicis. Having bought a large piece of land belonging to the Duke of Luxembourg (whose name has remained), she asked Salomon de Brosse to build a palace of Florentine inspiration on it, which she then moved into in 1625. It remained in the Royal family right up until the Revolution, the Luxembourg palace then housed the Directory, then the Consulate, before being attributed to the Senate under the First Empire. The initial building has been slightly enlarged.

The garden, which is almost entirely open to all, partially reminds us of the layout in the French style by André Le Nôtre in 1635, but also has a section planted in the English style. Inhabited by numerous statues (106 at the last count), it is very much appreciated for its water features and fountains, including the famous Médicis fountain. To this we can add a museum, greenhouses, an orchard and many other special features.

Pavillon de La Fontaine

42 L'HÔTEL LUTETIA

« Un hôtel d'atmosphère. » Jean-Marc de Margerie (1992).

« A hotel with atmosphere. » Jean-Marc de Margerie (1992).

L'hôtel Lutetia a brillamment fêté son centenaire en 2010. Derrière sa magnifique façade légèrement ondulée et sculptée de motifs floraux, il demeure un palace cossu qui a gardé tout le charme de la Belle Époque. Ce n'est pas un hasard si ce gigantesque vaisseau de pierre est amarré en face des magasins du Bon Marché ; seul un square les sépare.
C'est en effet d'après la volonté de Marguerite Boucicaut, épouse du créateur de cet empire commercial, que le Lutetia a vu le jour. Elle voulait que les plus riches clients du Bon Marché puissent se loger à proximité. Bien vite, des artistes s'y installent : Albert Cohen écrit son principal roman, André Gide reçoit ses amis, Antoine de Saint-Exupéry fait escale... Les habitués du bar s'appellent Picasso, Joyce, Malraux ou Beckett. Puis viennent les heures sombres : en 1940 l'hôtel est réquisitionné par les Allemands ; en 1945, il accueille les rescapés des camps nazis.
Aujourd'hui, ses 231 chambres, tout comme ses salons décorés par Sonia Rykiel et son restaurant, qui évoque le paquebot Normandie, ont plus que jamais de quoi séduire une nouvelle clientèle. Et puis le voisinage de Saint-Germain-des-Prés y apporte une touche très parisienne.

The Lutetia Hotel brilliantly celebrated its centenary in 2010. Behind its magnificent facade, slightly ondulated and sculpted with floral motifs, hides a slightly opulent palace which has kept all the charm of the Belle Époque. It is not by chance that this gigantic stone vessel is « moored » opposite the Bon Marché department store, with only a small square separating them.
It was effectively the wish of Marguerite Boucicaut, wife of the creator of this commercial empire, that the Lutetia saw the light of day. She wished to provide a place to stay nearby for the the richer clients of the Bon Marché store. Very quickly, artists took up residence here, Albert Cohen wrote his principal novel, André Gide received his friends, Antoine de Saint-Exupéry stopped by... The regulars of the bar were called Picasso, Joyce, Malraux or Beckett. Then came the dark hours! In 1940 the hotel was requisitioned by the Germans and in 1945 it welcomed those who survived the concentration camps.
Today its 231 rooms have, more than ever, a style appealing to new clients, as have the communal areas, decorated by Sonia Rykiel, and its restaurant evoking the ocean liner « Normandie ». The proximity of Saint-Germain-des-Prés also gives it a very Parisian touch.

LVTETIA
LUTETIA
RASSERIE

43 LE MUSÉE D'ORSAY

« Le XIXe siècle n'est pas si laid qu'on veut bien le dire ! » Ernest Chesneau (1864).

« The XIXth century was not quite as ugly as everyone likes to pretend! » Ernest Chesneau (1864).

Un musée dans une vieille gare ! Le projet a d'abord semblé saugrenu. Mais son ouverture triomphale fit taire les sceptiques. Ce bâtiment immense, typique de la Belle Époque, abrite des collections allant de la révolution de 1848 à la guerre de 1914, période riche de changements dans tous les arts, surtout en France.

En 1900, à la place du palais d'Orsay, incendié par la Commune, l'architecte Victor Laloux construit une gare pour la Compagnie des chemins de fer d'Orléans. Désaffectée dès la Seconde Guerre mondiale, elle subit de curieuses métamorphoses : salle des ventes, théâtre de la compagnie Renaud-Barrault, plateau de cinéma... Certains songent à la remplacer par un hôtel de luxe, mais elle est sauvée par son inscription à l'inventaire des monuments historiques.

Habilement réaménagé, le monument offre une spectaculaire mise en scène, qui frappe dès l'entrée sous une voûte haute de 32 mètres. Les œuvres présentées illustrent toutes les formes artistiques de l'époque concernée, même celles qui ont connu l'oubli, voire le discrédit. Mais la peinture impressionniste reste la plus visitée. Exposée au dernier étage, éclairée par des verrières, elle émerveille : il n'y a pas d'autre mot.

A museum in an old railway station! In the beginning the project seemed absurd, until its triumphant opening quietened even the most sceptical critics. This immense building, typical of the Belle Époque style, houses collections dating from the revolution of 1848 to the war of 1914, a period rich in changes in all forms of the arts, especially in France.

In 1900 on the site of the Orsay Palace, which was burned down by the Commune, architect Victor Laloux built a station for the Railway Company of Orleans. No longer used after the Second World War, it experienced some strange transformations, auction hall, theatre of the Renaud-Barrault company, cinema... Some wanted to replace it with a luxury hotel, but it was saved by its inscription in the inventory of historic monuments.

Cleverly refurbished, this monument offers a spectacular setting, which begins at the entrance under a vault 32 metres high. The works presented illustrate all of the artistic forms of the period concerned, even those which had since been forgotten or even frowned upon. The most visited are the impressionnist paintings. Exhibited on the top floor, lit by the glass roof, they are spectacular, there is no other word.

PO
PARIS-ORLEANS
PO
TOURS
BLOIS

PO
BLOIS
PO
AURILLAC
QUIMPER
LORIENT
VANNES

44 L'ASSEMBLÉE NATIONALE

« Bonne ville, tu t'effarouches / En voyant, au Palais-Bourbon, / Le quartier général des mouches. »
Auguste Saint-Gilles (1835).

« Good city, you are frightened / In seeing, at the Palais-Bourbon, / The headquarters of flies. »
Auguste Saint-Gilles (1835).

L'histoire de Paris ne manque pas de surprises amusantes : le Palais-Bourbon, où siègent les députés de la République, a été édifié pour une fille bâtarde de Louis XIV, née de ses amours avec Madame de Montespan ! S'élevant au bord de la rive gauche, il tourne vers le pont de la Concorde sa façade inspirée par les temples de l'Antiquité.

La construction commence en 1722, à l'instigation de la royale bâtarde, alors veuve du duc de Bourbon. Sur le terrain voisin son amant de cœur, le marquis de Lassay, se fait bâtir un ravissant hôtel particulier. Les deux propriétés vont rester liées : le Palais-Bourbon accueillera le Conseil des Cinq-Cents sous le Directoire, la Chambre des députés à partir de la Restauration, l'Assemblée nationale après 1946 ; l'hôtel de Lassay deviendra la résidence de son président. Cette répartition n'a pas changé depuis lors.

Les bâtiments ont été largement transformés. Une grande salle de séance a été aménagée à l'intérieur du Palais-Bourbon en 1795, prenant déjà cette forme d'hémicycle qu'on lui connaît aujourd'hui. Les tendances politiques qui y sont représentées seront dites de gauche ou de droite en fonction de la place des sièges par rapport au président.

The history of Paris is not without some amusing surprises, the Palais-Bourbon, headquarters of the deputies of the Republic, was built for the illegitimate daughter of Louis XIV, born from his affair with Madame de Montespan! Rising up on the left bank, it faces towards the Concorde bridge, its facade inspired by the temples of Antiquity.

The construction began in 1722, at the instigation of the Royal bastard, at the time widow of the Duke de Bourbon. On the neighbouring land, her lover, the Marquis de Lassay, had a magnificent town house built for himself. The two properties have remained linked, the Palais-Bourbon was home to the Council of Five-Hundred under the Directory, the Chamber of Deputies from the Restoration onwards and the National Assembly after 1946. The hôtel de Lassay would become the residence of its president and this division has not changed since.

The buildings have since been quite radically transformed. A large session hall was set out inside the Palais-Bourbon en 1795, taking the semi-circular form we know today. The political tendancies represented would be known as left or right according to the placing of the seats in relation to that of the president.

ASSEMBLÉE NATIONALE

45 LE PONT ALEXANDRE-III

« Le pont de l'amitié franco-russe. » Émile Loubet (1900).

« The bridge of Franco-Russian friendship. » Émile Loubet (1900).

Avec sa décoration exubérante et ses dorures qui brillent au moindre rayon de soleil, le pont Alexandre-III a toujours enchanté les amoureux de Paris. Faisant la liaison entre les Champs-Élysées et l'esplanade des Invalides, il s'inscrit dans l'une des plus belles perspectives de la ville. Hauts de 13 mètres, les quatre piliers qui l'encadrent, rendus nécessaires par la poussée de la structure métallique, supportent d'imposantes statues : admirable trouvaille des ingénieurs Jean Résal et Amédée Alby qui, d'une contrainte technique, ont fait une réussite esthétique.

Émile Loubet, président de la République, inaugure le pont dans le cadre de l'Exposition universelle de 1900. Il s'agit d'honorer la mémoire du tsar Alexandre III, promoteur de l'alliance politique conclue entre la France et la Russie. C'est d'ailleurs Nicolas II, fils d'Alexandre, qui a posé la première pierre quatre ans plus tôt.

Le décor sculpté, dont l'abondance révèle bien le goût de l'époque, évoque les deux pays. On y repère les armes de Paris et celles de Saint-Pétersbourg. Naïades, plantes et animaux aquatiques s'y contorsionnent à plaisir ; ils suggèrent la rencontre – toute symbolique – de la Seine et de la Néva.

With its exuberant decoration and the gilding that shines at the first ray of sunshine, the Alexandre-III bridge has always enchanted lovers of Paris. Joining the Champs-Élysées to the Invalides esplanade, it is one of the most beautiful perspectives of the city. The four pillars framing it, each 13 metres high, are necessary because of the pressure of the metallic structure, each bears an imposing statue, a very clever way of doing things by engineers Jean Résal and Amédée Alby who have created something beautiful from a technical obligation.

Émile Loubet, president of the Republic, inaugurated the bridge on the occasion of the Universal Exhibition of 1900. The idea was to honour the memory of Tsar Alexandre III, supporter of the political alliance concluded between France and Russia. It was, as a matter of fact, Nicolas II, son of Alexandre, who laid the first stone four years earlier.

The sculpted decor, of which the abundance reveals the style of the period, evokes both countries. We can make out the crests of arms of Paris and that of Saint-Petersbourg. Naiads, plants and aquatic animals seem to be floating around, suggesting the symbolic meeting of the Seine and the Neva rivers.

PARIS TROCADERO

46 LE MUSÉE RODIN

« Je n'invente rien. Je redécouvre. » Auguste Rodin (1911).

« I invent nothing. I rediscover. » Auguste Rodin (1911).

L'endroit est magique. Non seulement c'est un musée, qui contient certaines des plus belles œuvres du sculpteur Auguste Rodin, mais c'est aussi une demeure de prestige, qui forme avec son parc une sorte de parenthèse idyllique dans le tissu urbain.

En 1727, sur un terrain voisin des Invalides, l'architecte Jean Aubert construit un hôtel particulier pour un riche financier. Revendue, la maison est habitée par le maréchal de Biron qui lui laisse son nom. Au XIXe siècle, des religieuses en font une pension pour jeunes filles de la haute société. Puis, laissée dans un semi-abandon au milieu de jardins qui prennent un air de forêt touffue, elle est occupée par des artistes : Henri Matisse y peint, Jean Cocteau y écrit des poèmes, Isadora Duncan y donne des cours de danse… Rodin, séduit par le lieu, les rejoint en 1908.

Peu avant sa mort en 1917, il lègue à l'État français un grand nombre de ses œuvres, qui vont permettre la création d'un musée. Qu'elles soient disposées dans les salles ou en plein air, elles témoignent de l'exceptionnelle capacité du sculpteur à exprimer la vie dans toute son intensité. Parmi les plus célèbres on reconnaît *le Penseur*, *le Baiser* et *les Bourgeois de Calais*.

This place is magical. Not only is it a museum, containing some of the finest works of sculptor Auguste Rodin, but also a prestigious dwelling which, along with its gardens, forms a sort of idyllic pause among the urban structure.

In 1727, on a piece of land next to Invalides, architecte Jean Aubert built a grand town house for a rich financier. It was then sold to and inhabited by the Marshal de Biron who gave it his name. In the XIXth century, nuns turned it into a boarding school for young ladies of high society. Then, left half-abandoned in the middle of the gardens which were almost becoming a thick forest, it was occupied by artists. Henri Matisse painted here, Jean Cocteau wrote his poems, Isadora Duncan gave dance lessons… Rodin, totally in love with the place, joined them in 1908.

A little before his death in 1917, he bequeathed a large number of his works to the State, which allowed the creation of a museum. Whether exhibited in the halls or in the open air, they bear witness to the exceptional capacity of the sculptor to express life in all of its intensity. Among the most famous works we can admire *the Thinker*, *the Kiss* and *The Burghers of Calais*.

47 L'HÔTEL DES INVALIDES

« La gloire est une propriété que la mort n'enlève pas. » Lazare Carnot (1800).

« Glory is an attribute that death cannot take away. » Lazare Carnot (1800).

Lors de sa réfection en 1989, il a fallu douze kilos d'or fin pour redonner tout son éclat au dôme des Invalides. Ce monument consacré à la gloire militaire se rattache aux plus grandes figures de l'histoire de France : il a été construit par Louis XIV, Napoléon y est enterré et le général de Gaulle y a un mémorial multimédia.
Pour rendre hommage à ses vieux soldats et soigner dans des conditions honorables ceux qui sont devenus invalides, Louis XIV décide en 1670 d'élever un vaste ensemble comportant un hôpital et des logements. Les constructions, conduites par le jeune architecte Libéral Bruant, s'étendent sur treize hectares. Les premiers vétérans y sont accueillis dès 1674 ; ils seront bientôt plusieurs milliers. L'église, placée au centre, est réalisée par Jules Hardouin-Mansart et ne sera achevée qu'en 1706. Son dôme, qui culmine à 101 mètres, est son chef-d'œuvre le plus accompli.
L'hôtel des Invalides, aujourd'hui encore, dépend du ministère de la Défense. Il comprend trois musées, en particulier celui de l'Armée. Cependant, la partie la plus visitée est le tombeau de Napoléon. Ce monument grandiose de quartzite rouge a été élevé pour recevoir les restes de l'Empereur en 1840.

During its restoration in 1989 it took twelve kilos of gold leaf to give the Invalides dome back its shine. This monument consecrated to military glory is linked to the main figures of the history of France. It was built by Louis XIV, Napoleon is buried here and General de Gaulle has a multimedia memorial.
To pay homage to his old soldiers and treat with honour and dignity those who became invalids of war, Louis XIV decided in 1670 to build a vast complex which comprised a hospital and housing. The constructions, lead by young architect Libéral Bruant, spread over thirteen hectares. The first war veterans were received here from 1674 and they would soon number several thousand. The church, placed in the centre, was built by Jules Hardouin-Mansart and would not be finished until 1706. Its dome, which culminates at 101 metres, is its most accomplished masterpiece.
The Hôtel des Invalides, even today, belongs to the Ministry of Defence. It has three museums, in particular that of the Army. However, the most visited part is the tomb of Napoleon. This awesome monument of red quartzite was raised to receive the mortal remains of the Emperor in 1840.

48 LE MUSÉE DU QUAI BRANLY

« La diversité infinie des peuples et des arts. » Jacques Chirac (2006).

« The never ending diversity of populations and arts. » Jacques Chirac (2006).

Il a failli s'appeler le « musée des Arts premiers », mais cette dénomination n'était pas satisfaisante d'un point de vue scientifique. N'importe, sa vocation est claire : il présente les arts et les civilisations de tous les pays situés hors de ce qu'on appelle couramment le « monde occidental ». Voulu par Jacques Chirac alors président de la République, il a été inauguré le 20 juin 2006. C'est l'œuvre de l'architecte Jean Nouvel, qui a conçu le bâtiment comme une espèce d'immense case colorée, montée sur pilotis au-dessus de la savane. Ici, la végétation joue en effet un rôle très important : le jardin, imaginé par Gilles Clément, couvre 18 000 m^2 et, sur le bord du quai, un immeuble administratif comporte un mur végétalisé recouvert de 15 000 plantes.
Avec un million et demi de visiteurs chaque année, le musée remporte un succès manifeste. Il ménage des itinéraires sinueux qui, enveloppés d'un savant clair-obscur, suggèrent un voyage de découverte en même temps qu'un parcours initiatique. Des îles d'Océanie aux sierras d'Amérique et des forêts africaines aux rivages asiatiques, les plus belles productions artistiques de la Terre viennent nous rappeler leur « diversité infinie ».

It was almost called the « Museum of Premier Arts », but this name was not satisfactory from a scientific point of view. However, its vocation is clear, it presents the arts and civilisations from all countries situated outside what we currently call the « western world ». A dream of Jacques Chirac who was President of the Republic, it was inaugurated on the 20th of June, 2006.
It's the work of architect Jean Nouvel, who created the building like an immense coloured block, mounted on stilts over a savannah. The vegetation here effectively plays a very important role. The garden, designed by Gilles Clément, covers 18,000 m^2 and, on the edge of the river bank, an administratif building has a vegetal wall recovered with 15, 000 plants.
With one and a half million visitors each year, the museum shows all the signs of being a huge success. It associates winding trails which, shrouded in an light-obscure atmosphere, suggest a voyage of discovery at the same time as an initiation course. From the Oceanic islands to the American mountains and the African forests to the Asian coasts, the most beautiful artistic productions of the world are grouped here to remind us of their « *never ending diversity* ».

1

49 LE PARC DU CHAMP-DE-MARS ET LA TOUR EIFFEL

« Paris, mais c'est la tour Eiffel / Avec sa pointe qui monte au ciel ! » Michel Émer (1946).

« Paris, it's the Eiffel tower / With its tip which climbs to the sky! » Michel Émer (1946).

On ne présente plus la tour Eiffel, attraction phare de l'Exposition de 1889, qui aurait dû être démontée aussitôt après. Mais, devenue le symbole de Paris, c'est une star mondiale. Se dressant entre le cours de la Seine et une longue esplanade verdoyante, elle accueille un peu plus de sept millions de visiteurs par an.

En 1887, au commencement des travaux, l'ingénieur Gustave Eiffel déclarait : « La tour sera le plus haut édifice qu'aient jamais élevé les hommes. » Ses 300 mètres ont été largement dépassés depuis, et néanmoins elle continue d'apparaître comme une prouesse technique. Et puis sa silhouette, légère et élégante, est très bien mise en valeur par les jardins du Champ-de-Mars qui déroulent devant elle un tapis de gazon mesurant près de 25 hectares. Cet espace, situé autrefois en dehors de la ville, servait aux manœuvres militaires.

D'innombrables poètes l'ont célébrée. Théodore de Banville l'a décrite comme un « colosse de force et de grâce » ; Guillaume Apollinaire en a fait une bergère des ponts de Paris ; pour Maurice Carême, c'est une girafe broutant les nuages… Chacun peut la voir à sa manière, mais son scintillement, la nuit, est pour tous une éblouissante féerie.

We no longer need to introduce the Eiffel Tower, main attraction of the Universal Exhibition of 1889 which should have been dismantled soon afterwards. However, it became the symbol of Paris and also an international star. Rising up between the course of the Seine and a long green esplanade, it welcomes a little over seven million visitors a year.

In 1887, at the start of the works, engineer Gustave Eiffel declared *« The tower will be the highest structure ever raised by men. »* Its 300 metres have been easily exceeded since, but nevertheless it continues to be seen as a technical exploit. Its silhouette, light and elegant, is beautifully set off by the gardens of the Champ-de-Mars which roll out in front of it, a carpet of grass measuring almost 25 hectares. This space, which was situated outside of the city in days gone by, was used for military manœuvres.

Numerous poets have celebrated it. Théodore de Banville described it as a *« colossus of strength and grace »*. Guillaume Apollinaire saw it as a shepherdess for the bridges of Paris, for Maurice Carême, it is a giraffe grazing on clouds… Everyone can see it in their own way, but when sparkling at night, it is a magical extravaganza for all.

50 LA PLACE DE LA CONCORDE

« La place de la Concorde n'est pas une place, c'est une idée. » Curzio Malaparte (1967).

« The Place de la Concorde is not a square, it's an idea. » Curzio Malaparte (1967).

Entre le jardin des Tuileries et l'avenue des Champs-Élysées, la place de la Concorde se présente comme un immense rectangle où un obélisque de syénite rose lève sa pointe vers le ciel. Deux fontaines monumentales, quelques belles statues et, au nord, les majestueuses façades d'anciens hôtels particuliers complètent le décor. L'ensemble est littéralement grandiose.
L'architecte Ange-Jacques Gabriel en a réalisé l'aménagement sur un terrain donné par Louis XV et situé alors à l'écart de la ville. Les travaux sont terminés en 1772. La place, dont le centre est orné d'une statue équestre du roi, se nomme « place Louis XV ». En 1792, rebaptisée « place de la Révolution », elle perd sa statue, remplacée par une guillotine qui sert notamment à l'exécution de Louis XVI et de Marie-Antoinette. Prenant son nom actuel en 1795, elle reçoit en son centre un obélisque venu d'un temple de Louxor, en Égypte, qui sera installé le 25 octobre 1836.
Cette place, la plus vaste de Paris, offre avant tout un paysage minéral, bordé à l'ouest – il est vrai – par les jardins des Champs-Élysées. Cependant, son originalité repose sur son ouverture qui donne en pleine ville une exaltante impression d'espace.

Between the Tuileries garden and the avenue des Champs-Élysées, place de la Concorde presents itself as an immense rectangle where an obelisk of pink syenite raises its tip skywards. Two monumental fountains, some magnificent statues and, to the north, the majestic facades of some very grand ancient town houses complete the scene. Altogether it is literally spectacular.
Architect Ange-Jacques Gabriel was responsable for the layout on land given by Louis XV and situated at that time outside of the city. It was completed in 1772. The square, whose centre was bedecked with an equestrian statue of the King, was known as « place Louis XV ». In 1792, renamed « place de la Révolution », it lost its statue which was replaced by a guillotine used notably at the execution of Louis XVI and Marie-Antoinette. Taking its actual name in 1795, it received the gift of an obelisk from the temple of Luxor in Egypt, which would be installed in the centre on the 25th October, 1836.
This square, the largest in Paris, offers above all a mineral panorama as it is bordered to the west by the gardens of the Champs-Élysées. However, its originality is that it is very open and gives an exhilarating impression of space in the middle of the city.

51 LE GRAND PALAIS

« Ce monument a été consacré par la République à la gloire de l'art français. » Victorien Sardou (1900).

« This monument has been dedicated by the Republic to the glory of French art. » Victorien Sardou (1900).

À l'occasion de l'Exposition universelle de 1900, il est décidé de ménager une grande perspective qui, passant par le pont Alexandre-III, reliera l'esplanade des Invalides à l'avenue des Champs-Élysées. Sur la rive droite, l'axe ainsi créé doit être bordé par deux palais de taille inégale, le plus grand ayant pour vocation de glorifier les beaux-arts.

Élevé sur un terrain instable, l'édifice repose sur 3 400 pieux faisant office de pilotis. Les murs de pierre, garnis d'une colonnade sur la façade principale, relèvent de l'architecture traditionnelle. Le toit, au contraire, fait appel à des techniques nouvelles : c'est une verrière dont les panneaux sont enserrés dans une gigantesque résille de métal, – en tout 8 500 tonnes de verre, d'acier et de fer. Parmi les sculptures qui ornent l'ensemble, on remarque deux superbes quadriges de bronze qui semblent vouloir s'élancer dans le vide.

Longtemps utilisé pour des foires et des Salons de toutes sortes, le Grand Palais est devenu en 2007 un établissement public qui s'emploie à lui redonner sa mission première. Les prestigieuses expositions d'art qui y sont présentées attirent chaque année une moyenne de deux millions et demi de visiteurs.

For the occasion of the Universal Exposition of 1900 it was decided to create a large perspective which, passing by the Alexandre-III bridge, would join the Esplanade des Invalides to the avenue des Champs-Élysées. On the right bank, the road created for this had to be bordered by two palaces of unequal size. The larger one had for vocation to glorify fine-arts.

Built on unstable ground, this edifice rests on 3,400 stakes which act as stilts. The stone walls, embellished with a colonnade on the principal facade, takes its inspiration from traditional architecture. The roof, on the contrary, called upon new techniques. It is a glass roof whose panels are encirled in a giant frame of metal, using in all 8,500 tons of glass, steel and iron. Among the decorative sculptures we can remark two superb bronze quadrigas which seem to launch themselves skywards.

For a long time used for fairs and shows of all kinds, the Grand Palais became a public establishment working to resort to its original mission in 2007. The prestigious art exhibitions presented here attract an average of two and a half million visitors each year.

GRAND PALAIS

52 LE PETIT PALAIS

« Je souhaite donner à ce bâtiment l'apparat et la dignité d'un palais officiel. » Charles Girault (1899).

« I would like to give to this building the pomp and dignity of an official palace. » Charles Girault (1899).

Comme son grand frère de l'autre côté de l'avenue, le Petit Palais est un témoignage significatif de l'architecture et de la décoration telles qu'on les pratiquait à la Belle Époque. Sa longue façade, rythmée par des colonnes ioniques, s'articule de part et d'autre d'une entrée spectaculaire : un imposant escalier de pierre conduit à une porte aux ferronneries chantournées, que surmontent les voussures d'une énorme arche en plein cintre.

Prévu à l'origine pour exposer des œuvres d'art, il se compose d'une suite de vastes salles inondées de lumière naturelle, qui encerclent un agréable jardin intérieur. Il a donc tout naturellement accueilli dès 1902 le musée des beaux-arts de la Ville de Paris. Celui-ci est riche d'œuvres très diverses, dont les plus anciennes remontent à l'Antiquité. La partie la plus remarquable contient une importante collection de tableaux allant de Rembrandt à Corot et de Rubens à Cézanne.

L'époque 1900 y est particulièrement bien représentée, à commencer par un fameux portrait de Sarah Bernhardt. Des sculptures d'Auguste Rodin et d'Antoine Bourdelle, ainsi que des objets de Gallé et de Lalique, évoquent bien le contexte qui a présidé à la conception de ce palais.

Like its bigger brother on the other side of the avenue, the Petit Palais is a significant witness to the architecture and the decoration as they were practised during the Belle Epoque. Its long facade, with its ionic columns, revolve around a spectacular entrance with an imposing stone staircase leading to a scrolled wrought iron door under a series of arches topped with an enormous semi-circular arch.

Originally intended to exhibit works of art, it is made up of a series of large halls flooded with natural light, which surround a very pleasant interior. It has therefore naturally housed the Fine Arts Museum of the city of Paris since 1902. It is a very rich collection with lots of works in very different styles, of which the oldest date back to Antiquity. The most remarkable section contains an important collection of paintings from Rembrandt to Corot and from Rubens to Cézanne.

The period around 1900 is particularly well represented, starting with a very famous portrait of Sarah Bernhardt. Sculptures by Auguste Rodin and Antoine Bourdelle, as well as objects by Gallé and Lalique, evoke particularly well the ambiance at the time this palace was built.

53 L'AVENUE DES CHAMPS-ÉLYSÉES

« Je m'baladais sur l'avenue,/Le cœur ouvert à l'inconnu… / Il y a tout ce que vous voulez/ Aux Champs-Élysées. » Joe Dassin (1969).

«I was strolling on the avenue,/ My heart open to new discoveries… / There is everything you could wish for/On the Champs-Élysées. » Joe Dassin (1969).

Suivant l'axe historique de Paris – voie rectiligne qui, d'est en ouest, commence au palais du Louvre et aboutit à la Grande Arche de la Défense – l'avenue des Champs-Élysées sépare la place de la Concorde de l'arc de triomphe de l'Étoile. Elle mesure 1 910 mètres de long et 70 mètres de large.
À la demande de Louis XIV, un premier segment est dessiné par Le Nôtre en 1667. Prolongée au XVIIIe siècle, l'avenue reste longtemps une promenade quasi inhabitée, bordée de bosquets et de jardins. Elle a gardé cet aspect dans sa partie basse, alors que plus haut elle s'est largement urbanisée à partir de 1850.

Following the historical line of Paris a straight road which, from east to west, begins with the Louvre palace and ends with the Grande Arche de la Défense. The avenue des Champs-Élysées separates the place de la Concorde from the Arc de Triomphe de l'Étoile. It is 1,910 metres long and 70 metres wide.
By demand of Louis XIV, the first segment was designed by Le Nôtre in 1667. Prolonged during the XVIIIth century, the avenue remained for a long time almost uninhabited, it was a place for strolling bordered with groves and gardens. It has kept this aspect in the lower part even though higher up the avenue has become quite built up since 1850.

54 LE THÉÂTRE DES CHAMPS-ÉLYSÉES

« Le scandale fait partie de l'histoire du Théâtre des Champs-Elysées. »
Nicole Duault (2013).

« Scandal is part of the history of the Theatre of the Champs-Elysées. »
Nicole Duault (2013).

Construite de 1911 à 1913 par Auguste Perret, c'est la première salle de spectacles en béton armé. Son décor a été confié à de grands artistes : Maurice Denis, Édouard Vuillard, Antoine Bourdelle… L'immeuble comporte trois salles, dont deux théâtres.
La plus grande salle a une programmation éclectique : opéras, ballets, concerts et variétés. Le 29 mai 1913, son ouverture a causé un violent scandale avec le *Sacre du printemps* d'Igor Stravinsky. La musique électroacoustique d'Edgar Varèse y a également déclenché de vives réactions en 1954. Mais la création artistique n'a jamais cessé d'y fleurir.

Built from 1911 to 1913 by Auguste Perret, this was the first theatre auditorium to be built in reinforced concrete. Its decoration was entrusted to great artists, Maurice Denis, Édouard Vuillard, Antoine Bourdelle… The building has three halls, of which two are theatres.
The largest hall has a very eclectic programmation, opera, ballet, concerts and varieties. On the 29th of May, 1913, its opening caused a violent scandal with the *Rite of Spring* by Igor Stravinsky. The electroacoustic music of Edgar Varèse also received a lively reaction in 1954. Artistic creation has never ceased to flourish here.

55 L'ARC DE TRIOMPHE DE L'ÉTOILE

« Les hommes les plus fatigués de la lutte commencée entre l'Europe et la France avaient tous déposé leurs haines en passant sous l'arc de triomphe. » Honoré de Balzac (1832).

« Even the men who are the most tired of the battle between Europe and France have always left their hatred behind when passing under the triumphal arch. » Honoré de Balzac (1832).

Érigé par Napoléon à la gloire de la Grande Armée, l'arc de triomphe de l'Étoile se dresse sur une légère éminence en haut des Champs-Élysées. Inspiré par les arcs triomphaux de la Rome antique, il possède cependant des dimensions bien supérieures : 50 mètres de haut et 45 mètres de large.
Commencé par l'architecte François Chalgrin en 1806, le monument n'a été achevé que trente ans plus tard, orné de bas-reliefs dont *La Marseillaise* de Rude est le plus connu. En général, il glorifie tous ceux qui ont combattu pour la France, comme le rappelle la tombe du soldat inconnu, placée au-dessous de l'arche.

Built by Napoleon to the glory of the Grand Army, the triumphal arch of the place d'Étoile rises up on a slight slope at the top of the Champs-Élysées. Inspired by the triumphal arches of ancient Rome, however it has dimensions which are much more impressive, 50 metres high and 45 metres wide.
Started by François Chalgrin in 1806, it was only completed thirty years later, decorated with bas-reliefs of which *la Marseillaise* by Rude is the most famous. Built to the glory of all who have fought for France it has the tomb of the unknown soldier, placed underneath the arch to remind us.

56 LE PALAIS DE L'ÉLYSÉE

« Aux yeux de Mme de Pompadour, l'Élysée présentait un grave défaut : il lui manquait un potager. » Georges Poisson (1988).

« In the eyes of Mme de Pompadour, the Élysée palace had a serious defect: it was lacking a vegetable garden. » Georges Poisson (1988).

Résidence du président de la République, le palais de l'Élysée est le centre du pouvoir politique en France. Cet hôtel particulier entre cour et jardin s'ouvre sur le faubourg Saint-Honoré, alors que son jardin aboutit à l'avenue des Champs-Élysées.
Le lieu était encore campagnard quand le comte d'Évreux y acheta en 1720 un terrain nommé « le marais des gourdes » pour y bâtir la première belle demeure du quartier. Celle-ci fut rachetée par Louis XV pour sa favorite, la marquise de Pompadour, qui la décora avec goût. Elle n'imaginait pas que sa maison abriterait un jour le cérémonial républicain !

Residence of the president of the Republic, the Élysée Palace is the centre of political power in France. This magnificent town house opens onto the faubourg Saint-Honoré while its garden ends on the avenue des Champs-Élysées.
This area was still the countryside when the Count of Évreux bought a piece of land here in 1720 to build the first magnificent dwelling of the area. It was then bought by Louis XV for his favourite mistress, the Marchioness de Pompadour, who decorated it with flair and style. She could not have imagined that her home would one day house the Republican protocole!

57 L'ÉGLISE DE LA MADELEINE

« Un monument tel qu'il y en avait à Athènes et qu'il n'y en a pas à Paris. » Napoléon Ier (1806).

« A monument like those they had in Athens and of which there are none in Paris. » Napoleon Ist (1806).

Curieuse église sans croix ni clocher, ce sanctuaire dédié à sainte Marie-Madeleine s'inscrit dans une perspective qui, suivant la rue Royale et traversant la place de la Concorde, s'arrête au Palais-Bourbon, sur la rive gauche. Son plan rectangulaire (108 mètres de long), ses 52 colonnes monumentales de style corinthien et son fronton sculpté en forme de triangle constituent autant d'emprunts à l'architecture des temples gréco-romains.

La première pierre en est posée par Louis XV le 3 août 1763. Mais la construction sera maintes fois interrompue et le dessin largement remanié. Quant à la destination, elle ne cessera de changer au gré des régimes successifs. Napoléon veut en faire un temple rendant hommage aux exploits de l'armée impériale ; plus tard il est imaginé d'en faire la première gare de Paris ; enfin on termine les travaux en lui redonnant sa fonction d'église. Sa consécration par l'archevêque de Paris a alors lieu le 9 octobre 1845.

L'intérieur, colossal et pompeux, n'incite guère au recueillement. Mais il convient à de grandes cérémonies et à des concerts, lorsque le grand orgue – superbe instrument de 1846 conçu par Cavaillé-Coll – fait entendre ses grondements solennels.

A curious church with neither cross nor bell tower, this church devoted to Sainte Marie-Madeleine (Mary Magdalene) is part of a perspective which, following rue Royale and crossing the place de la Concorde, ends at the Palais-Bourbon on the left bank. Its rectangular layout (108 metres long), its 52 monumental columns in Corinthian style and its pediment sculpted in triangular form are all ideas borrowed from the architecture of the Greco-Roman temples.

The first stone was laid by Louis XV on the 3rd August, 1763 but the construction would be interrupted on several occasions and the plans altered also. As for the function, it would continue to change with each successive government. Napoleon wanted to build a temple to pay homage to the achievements of the imperial army, later they imagined turning it into the the first railway station in Paris and then, finally, the work was finished and it was given the role of a church. Its consecration by the archbishop of Paris took place on the 9th October, 1845.

The interior, colossal and pompous, does not feel very warm and welcoming but is perfect for grand ceremonies and concerts, during which the grand organ, a superb instrument made by Cavaillé-Coll in 1846, booms forth its solemn roar.

D·O·M·SVB·INVOC·S·M·MAGDALENAE

58 L'OPÉRA GARNIER

«Le génie de Charles Garnier fut de donner des proportions équilibrées au "gigantesque".»
Louis Chéronnet (1949).

«The genius of Charles Garnier was to give balanced proportions to the "gigantic".» Louis Chéronnet (1949).

Au milieu d'une place spécialement dessinée pour le mettre en valeur, l'Opéra Garnier brille de mille feux. Tout y est fait pour l'apparat. La façade principale, riche de matériaux divers (pierre, marbre, cuivre, métal doré), annonce le faste qui éblouit aussitôt passé le hall d'entrée. Le grand escalier de marbre, entouré de balcons et de loggias à tous les étages, semble déjà un lieu de spectacle, tout comme le grand foyer avec ses fresques et ses dorures. Dans la salle elle-même, le décor en stuc, le gigantesque lustre, les loges tapissées de velours rouge : une impression de luxe et de somptuosité s'impose partout.

En 1861, la construction de l'édifice, décidée par Napoléon III, est confiée à un jeune architecte inconnu : Charles Garnier. Les travaux sont interrompus par la guerre franco-prussienne de 1870. Finalement, la IIIe République les achève fin 1874 et l'inauguration a lieu le 5 janvier 1875.

Depuis qu'existe l'Opéra Bastille, le palais Garnier est plutôt réservé à des représentations d'opéra baroque et de danse. Son corps de ballet jouit d'ailleurs d'un prestige international. L'école de danse qui accueille les petits rats et forme les danseurs étoiles a été fondée en 1713.

In the centre of a square specially laid out to show it off to its best advantage, the Opéra Garnier is dazzling. Everything is made for pomp and ceremony. The principal facade, rich in diverse materials (stone, marble, copper, gold metal), announces the ostentation which will overwhelm you as soon as you set foot over the threshold. The central marble staircase, encircled with balconies and loggias on each floor, already looks like a theatre, as does the main entrance hall with its frescoes and gilding. In the auditorium itself, with the stucco decoration, gigantic chandelier and boxes upholstered in red velvet, an impression of luxury and lavishness reigns everywhere.

In 1861, the construction of the edifice, commissioned by Napoleon III, was entrusted to a young unknown architect, Charles Garnier. The work was interrupted by the Franco-Prussian war of 1870. Finally, the IIIrd Republic completed the task at the end of 1874 and the inauguration was held on the 5th January, 1875.

Since the opening of the Opéra Bastille, the Palais Garnier is mainly reserved for representations of baroque opera and dance. Its corps de ballet continues to rejoice in international prestige. The ballet school which welcomes the « little rats » (as the young children are known) and train prima ballerinas was founded in 1713.

CHOREGRAPHIE
ACADEMIE NATIONALE DE MUSIQUE

CHOREGRAPHIE

59 LE QUARTIER DES GRANDS MAGASINS

« Le Bonheur des Dames *sautait aux yeux du monde entier, envahissait les murailles, les journaux, jusqu'aux rideaux des théâtres.* » Émile Zola (1883).

« The Bonheur des Dames (Ladies' Delight) came to the attention of the whole world, invaded the walls, the newspapers, even the theatre curtains. » Émile Zola (1883).

À proximité de la gare Saint-Lazare, le quartier qui s'étend derrière l'Opéra Garnier a vu naître plusieurs Grands Magasins qui reprenaient la formule lancée sur la rive gauche avec *le Bon Marché*. C'est ainsi que, sur le boulevard Haussmann, se sont ouverts *le Printemps* à partir de 1865 et *les Galeries La Fayette* trente ans plus tard. Les petites boutiques cèdent alors la place à ces « cathédrales du commerce » dont Zola a décrit le fabuleux essor dans son roman *Au Bonheur des Dames*. Ces immenses magasins au décor spectaculaire évoquent à présent les splendeurs de la Belle Époque.

Near to the Saint-Lazare station, the district which spread behind Opera Garnier saw the arrival of several department stores. It was in this way that the *Printemps* store opened in 1865 on the boulevard Haussmann, followed thirty years later by *Galeries La Fayette*. The smaller shops left their place to these « cathedrals of commerce », of which Zola speaks when he described their fabulous rise in his novel *Au Bonheur des Dames*. These immense stores with their spectacular decoration remind us of another period in time, the splendour of the Belle Époque.

60 LES GRANDS BOULEVARDS

« J'aime flâner sur les Grands Boulevards. / Y a tant de choses, tant de choses, / Tant de choses à voir ! » Jacques Plante (1951).

« I love to stroll on the Grands Boulevards. / There are so many things there, so many things, / So many things to see! » Jacques Plante (1951).

Dans toute leur extension, les Grands Boulevards partent de la place de la Bastille, à l'est, pour arriver place de la Madeleine. Suivant le tracé des anciennes fortifications de Paris, ce sont de larges voies, faites pour la circulation, le commerce et la flânerie. Leur succès date surtout du XIXe siècle, quand ils étaient bordés de cafés célèbres et de restaurants à la mode. Le boulevard du Temple, surnommé « boulevard du crime », était alors connu pour ses nombreux théâtres qui jouaient de sanglants mélodrames. Quant au boulevard des Capucines, le cinéma y a fait ses débuts mondiaux en 1895.

In their entirety the Grands Boulevards start at the place de la Bastille, to the east, and finish at the place de la Madeleine. Following the emplacement of the ancient fortifications of Paris they are wide, made for traffic, commerce and strolling.
Their success dates mainly from the XIXth century, when they were bordered by well-known cafes and fashionable restaurants. The boulevard du Temple, nicknamed « boulevard of crime », was known for its numerous theatres featuring harsh melodramas, whilst cinema made its world debut in 1895 on the boulevard des Capucines.

61 LA PLACE PIGALLE ET LE MOULIN-ROUGE

« Un p'tit jet d'eau, / Un' station de métro / Entourée de bistrots : / Pigalle ! » Georges Ulmer (1946).

« A little water jet, / A metro station / Surrounded by bistros: / Pigalle! » Georges Ulmer (1946).

Au bas de la butte Montmartre, la place Pigalle a eu longtemps une réputation sulfureuse qui, du reste, ajoutait un certain piment aux boîtes de nuit du quartier. Mais actuellement les bistrots branchés commencent à remplacer les sex-shops et autres lieux spécialisés. En somme, ce carrefour du boulevard de Clichy retrouve un peu l'esprit bohème qui l'animait autrefois.

Au XIXe siècle, ce coin de Paris était fréquenté par les peintres et les écrivains. Leur lieu de ralliement était alors un café nommé *la Nouvelle Athènes* situé au n° 9 de la place. Paul Verlaine, Édouard Manet, Berthe Morisot s'y attardaient volontiers. Des courtisanes de haut vol se faisaient construire des hôtels particuliers aux environs.

De cette époque date le Moulin-Rouge, qui a ouvert ses portes le 6 octobre 1889. Son affiche annonçait le programme : « Bal, divertissements, variétés ». Yvette Guilbert y chantait, la Goulue y dansait, Toulouse-Lautrec y a peint certains de ses meilleurs tableaux. Plus tard, Mistinguett, Édith Piaf et Joséphine Baker y ont triomphé. Cependant, le grand succès du Moulin-Rouge a toujours été le french cancan. Le cabaret d'aujourd'hui en a gardé la joyeuse tradition.

At the bottom of the hill of Montmartre place Pigalle had, for a long time, a scandalous reputation which added a bit of spice to the night clubs of the area. At the moment trendy eateries are starting to replace the sex-shops and other « specialist establishments ». In short, the crossroads of the boulevard de Clichy is regaining the bohemian atmosphere which animated it in days gone by.

During the XIXth century, this corner of Paris was frequented by painters and writers. Their favourite haunt was a cafe named *la Nouvelle Athènes* situated at n° 9 place Pigalle. Paul Verlaine, Édouard Manet and Berthe Morisot were happy to hang out here. Courtisans of high-standing had their town houses built in the area.

The Moulin-Rouge dates from this period as it opened its doors on the 6th October, 1889. Its poster announced the programme: « Ball, entertainment, varieties ». Yvette Guilbert sang here, la Goulue danced, Toulouse-Lautrec painted some of his best works. At a later date, Mistinguett, Édith Piaf and Joséphine Baker triumphed here. However the main success of the Moulin-Rouge has always been the French cancan. The cabaret of today has kept this joyful tradition going.

MOULIN ROUGE
LA MACHINE
DU MOULIN ROUGE
CONCERTS CLUB
TERRASSE
CONCERTS - CLUB
BAR

62 LA GARE DU NORD

« Gare du Nord, gare du Nord, / Hôtel des courants d'air… » Alain Aurenche (1952).

« Gare du Nord, gare du Nord, / A draughty hotel… » Alain Aurenche (1952).

Comme toutes les grandes gares parisiennes, la gare du Nord a vu le jour dans le courant du XIXe siècle, au temps des locomotives à vapeur. Sa longue façade monumentale ouvre sur la place Napoléon III et la rue de Dunkerque. En tenant compte des lignes de banlieue, c'est aujourd'hui la gare la plus importante du réseau français : 1 500 circulations de trains et 550 000 voyageurs par jour, pour un ensemble de 32 voies à quai.

Un embarcadère a d'abord été inauguré au même endroit en janvier 1846 ; il servait de point de départ à un premier tronçon de ligne allant de Paris à Clermont, dans l'Oise, en attendant la liaison complète jusqu'à Lille quelques mois plus tard. Dans son aspect actuel, la gare a été construite par Jacques Hittorff entre 1861 et 1865 ; son rutilant buffet Art déco date de 1925.

L'important développement de la gare du Nord s'explique par la relative proximité des pays voisins : l'Angleterre, la Belgique, les Pays-Bas et l'Allemagne. La mise en route du TGV a nettement raccourci le temps de voyage. Le Thalys met Bruxelles à 1 h 20 de Paris, tandis que l'Eurostar rejoint Londres en 1 h 25. On est loin du premier train qui roulait sur cette ligne à 24 km/h de moyenne !

Like all of the major Parisian railway stations, the Gare du Nord saw the light of day during the XIXth century, in the days of steam locomotives. Its long, monumental facade opens onto the place Napoleon III and the rue de Dunkerque. Including the lines going to the suburbs, it is today the most important station of the French rail network: 1,500 trains and 550,000 passengers each day from its 32 platforms.

A platform was firstly inaugurated on this spot in January, 1846. It was the departure point of the first section of train tracks going from Paris to Clermont, in the department of the Oise, while waiting for a complete connection to Lille a few months later. The station as it is now was built by Jacques Hittorff between 1861 and 1865. Its gleaming Art Deco buffet dates from 1925.

The important development of the gare du Nord can be explained by the relative proximity of the neighbouring countries: England, Belgium, Holland and Germany. The arrival of the fast TGV trains radically shortened travelling times. The Thalys put Brussells at 1 h 20 m from Paris, while the Eurostar connects Paris to London in about two and a quarter hours. We have come a long way since the first train which travelled on this line with its average speed of 24 km/h!

NORD
NORD

63 LE CANAL SAINT-MARTIN

« La lune aussi s'éteint / Sur le miroir sans tain / Du canal Saint-Martin. » Allain Leprest (1994).

« The moon also faded / On the mirror that didn't shine / Of the canal Saint-Martin. » Allain Leprest (1994).

Entre le bassin de la Villette, relié au canal de l'Ourcq, et le bassin de l'Arsenal, qui débouche sur la Seine, le canal Saint-Martin traverse à l'air libre une grande partie du 10e arrondissement. Pour compenser une dénivellation de 25 mètres, il ne comporte pas moins de neuf écluses. La seconde partie de son parcours a été recouverte entre le faubourg du Temple et la place de la Bastille.
Bonaparte, alors Premier consul, en a décidé le creusement en 1802 afin d'alimenter Paris en eau potable. Après son inauguration par le roi Charles X en 1825, il servit beaucoup aux péniches qui apportaient matériaux de construction et marchandises diverses. Mais, dans les années 1960, la diminution du trafic incita les pouvoirs publics à prévoir son comblement au profit d'une autoroute.
Ce projet ayant été heureusement abandonné, les abords du canal, réhabilités, ont retrouvé leur charme. Les quais bordés d'arbres, les ponts en dos d'âne, les ponts tournants et les écluses n'ont pas changé depuis l'époque où Marcel Carné y a tourné son fameux film *Hôtel du Nord*, sorti en 1938. Loin des quartiers prestigieux, le canal Saint-Martin, pittoresque et bon enfant, a toujours séduit les amoureux de Paris.

Between the basin of la Villette, which is joined to the Ourcq canal, and the basin of the Arsenal, which opens out into the Seine, the Saint-Martin canal runs in the open air through a large part of the 10th arrondissement. To counteract a difference in level of 25 metres, it has no less than nine locks. The second part of its course is under cover and goes from the faubourg du Temple to the place de la Bastille.
Bonaparte, at the time First Consul, decided to dig out a canal in 1802 in order to aliment Paris with drinking water. After inauguration by King Charles X, in 1825, it was mainly used by barges transporting building materials and merchandise. During the 1960s the reduction in passage incited the public powers to build a motorway in order to compensate.
Happily this project was abandoned and the surrounding area has become very trendy and charming. The canal banks bordered by trees, the hump backed bridges, the swinging bridges and the locks have not changed since the days when Marcel Carné made his famous film *Hôtel du Nord*, which came out in 1938, here. Away from the prestigious neighbourhoods, the picturesque and relaxing Saint-Martin canal has always attracted the lovers of authentic Paris.

06105011

64 LE CIRQUE D'HIVER

« Le cirque, c'est un rond de paradis dans un monde dur et dément. » Annie Fratellini (1989).

« The circus is a ring of paradise in a world that is difficult and crazy. » Annie Fratellini (1989).

En alternance avec le cirque d'été – qui s'élevait près des Champs-Élysées et qui fut démoli en 1900 –, le cirque d'hiver est un magnifique témoignage des grandes heures du cirque français. Ce polygone de vingt côtés est orné de frises et de bas-reliefs qui, pour la plupart, sont à la gloire du cheval. Ce décor rappelle que les premiers spectacles de cirque, lointainement inspirés par les jeux de la Rome antique, se composaient d'exercices équestres.

L'édifice, bâti par Jacques Hittorff, a été inauguré par Napoléon III en décembre 1852. Le public afflua et le succès fut tout de suite au rendez-vous. C'est ici que Jules Léotard a inventé le trapèze volant et que, plus tard, Achille Zavatta a triomphé en Auguste au nez rouge. Mais, au cours de son histoire, le lieu a connu bien d'autres formes artistiques : concerts Pasdeloup, opérettes à grand spectacle, projections de films, émissions de télévision...

Propriétaire du cirque depuis 1934, la famille Bouglione a maintenant renoué avec la tradition. Écuyers et clowns, trapézistes et dompteurs continuent d'y présenter leurs meilleurs numéros. Les uns font rire, d'autres font frémir, tous font rêver les âmes d'enfants de toutes les générations.

Alternating with the summer circus, which was at that time near to the Champs-Élysées but was demolished in 1900, the winter circus is a magnificent witness to the glory days of French circus. This polygon with twenty sides is decorated with friezes and bas-reliefs which, for the most part, illustrate the glory of the horse. The decor reminds us that the first circuses, distantly inspired by the games of Ancient Rome, were composed of equestrian exercises.

The edifice, built by Jacques Hittorff, was inaugurated by Napoleon III in December 1852. The public loved it and success was immediate. It was here that Jules Léotard invented the flying trapeze and, much later, that clown Achille Zavatta triumphed with his red nose. However, during the course of its history, it has also known other artistic forms: concerts by Pasdeloup (oldest symphony orchestra in France), grand scale operettas, film projections, television programmes...

Owner of the circus since 1934, the Bouglione family has now renewed the tradition. Horsemen and clowns, trapeze artists and lion tamers continue presenting their acts. Some make us laugh, some make us tremble, but all delight the souls and dreams of children of all generations.

CIRQUE
D'HIVER

65 LA PLACE DE LA BASTILLE

« Patrie, élevons ton autel / Sur les pierres de la Bastille, / Comme un monument éternel / Où le bonheur des Français brille ! » Poésie anonyme (1789).

« Homeland, raise up your altar / On the stones of the Bastille, / Like an eternal monument / Where the happiness of the French shines out! » Anonymous poem (1789).

Site hautement symbolique, la place de la Bastille a connu un moment clef de notre histoire et, depuis lors, elle est restée un lieu de manifestations républicaines. Ce quartier, naguère très populaire, a toutefois beaucoup changé : la mode s'en est emparée depuis qu'un nouvel opéra y a vu le jour en 1989.

Forteresse adossée au rempart qui entourait alors Paris, la Bastille avait été construite au XIVe siècle et s'était ensuite transformée en prison. Mais c'est surtout en tant qu'emblème de l'absolutisme monarchique qu'elle a été prise par le peuple de Paris le 14 juillet 1789, avant d'être complètement démantelée. Seuls des pavés de couleur différente en indiquent aujourd'hui le contour sur le sol. La colonne de bronze érigée en son centre et surmontée d'une statue dorée (*le Génie de la Liberté*) commémore une autre révolution : celle de juillet 1830, qui a mis fin au règne du roi Charles X.

L'Opéra Bastille, conçu par l'architecte Carlos Ott, s'est imposé d'emblée comme une des meilleures scènes du monde. Moins luxueuse que celle de l'Opéra Garnier, sa principale salle est beaucoup plus vaste (2 703 places contre 1 156) et mieux adaptée aux mises en scène complexes d'aujourd'hui.

A highly symbolic site, place de la Bastille witnessed a very important moment in French history and since that time has remained a place of Republican demonstrations. This district, in days gone by very working class, has changed a lot, the fashion world has taken it over since the new Opera house saw the light of day here in 1989.

A fortress joined to the rampart which surrounded Paris, the Bastille was built during the XIVth century and was then transformed into a prison. It was seen as an emblem of Absolute Monarchy resulting in it being stormed and taken by the citizens of Paris on the 14th July, 1789, before being completely demolished. Today only the paving stones of a different colour indicate the contour showing where the castle used to be. The bronze column erected in the centre and topped with a golden statue, le Génie de la Liberté, commemorating another revolution, that of July 1830 which brought to an end the reign of King Charles X.

The Opéra Bastille, designed by architect Carlos Ott, has naturally taken its place as one of the best stages in the world. Less luxurious than that of Opéra Garnier however its main amphitheatre is much larger (holding 2 703 people as opposed to 1 156) and more adapted to the complex stage sets of our time.

66 LE VIADUC DES ARTS ET LA COULÉE VERTE

« Un quartier historiquement consacré à l'artisanat et aux métiers d'art. » Hervé Matejewski (2011).

« A historic district devoted to artisanat and the professions of art. » Hervé Matejewski (2011).

Une voie ferrée menait jadis à la gare de la Bastille, désormais remplacée par le nouvel opéra. Elle avait été aménagée sur un viaduc de briques qui a été conservé, abritant sous ses arches un grand nombre de boutiques spécialisées dans la production artisanale. Au-dessus, une promenade plantée et fleurie s'étire sur 4 km et demi, traversant l'est de Paris et permettant de rejoindre le bois de Vincennes.
Proche du faubourg Saint-Antoine – où se trouvaient les grands ébénistes qui ont meublé Versailles sous l'Ancien Régime –, le viaduc des Arts qui borde l'avenue Daumesnil est une véritable vitrine des métiers d'art. Restaurateurs de meubles et de tableaux, luthiers et encadreurs y voisinent avec des créateurs de mode, des fabricants de luminaires et bien d'autres artisans attachés à maintenir une tradition de qualité.
À la place de la voie ferrée, une longue promenade a été réservée aux piétons. Cette « coulée verte » mérite son nom : elle offre une succession de parterres et de bosquets de toute espèce. Son cheminement n'a rien de monotone : ici, il longe des immeubles, là, il traverse le jardin de Reuilly et, sur la fin, il passe par des tranchées et des tunnels. Paris paraît bien loin !

In days gone by a railway line ran to the Bastille railway station, which has sinced been replaced by the new Opera house. It was built over a brick viaduct which has been conserved, sheltering under its arches a large number of boutiques specialising in artisanal production. Above, a walkway with plants and flowers stretches over four and a half km, crossing the east of Paris all the way to the woods at Vincennes.
Near to the faubourg Saint-Antoine, where the master cabinet-makers who built the furniture for the palace at Versailles under the Ancient Regime had their workshops, the Viaduct des Arts, which borders avenue Daumesnil, is a real showcase of artistic trades. Restorers of furniture and paintings, string instrument makers and frame-makers are neighbours of fashion designers, lamp manufacturers and many other craftsmen who work to maintain a tradition of high quality workmanship.
Instead of the railway lines, a long planted walk reserved for pedestrians has been laid out. This « coulée verte » (green track) deserves its name, offering a succession of flowerbeds and groves of all kinds. Its progression is not at all monotonous, in places it runs alongside the buildings, in other parts it crosses the Reuilly garden and, near the end, it passes by cuttings and through tunnels. Paris seems a long way away!

67 LE PARC DE BERCY

« Chantons, amis, ce séjour de délices, / Où les bons vins font perdre tout souci… / Divinisons le quartier de Bercy ! » Albert Michaut (1883).

« Sing, friends, this delicious stay, / Where good wines make us forget all our troubles… / Lets all deify the Bercy district! » Albert Michaut (1883).

Situé entre le parc omnisports et le site de Bercy Village, ce parc de 14 hectares, qui longe la rive droite de la Seine, fait face à la Bibliothèque nationale de France sur la rive opposée. Il est composé de trois espaces contigus : successivement, d'est en ouest, un jardin romantique, un jardin pédagogique qui est aussi un potager, enfin un ensemble de pelouses plantées de grands arbres.
Le passé de Bercy remonte à la nuit des temps, car c'est ici qu'ont été retrouvées dix pirogues utilisées par des hommes de l'époque néolithique. Dans les siècles passés, il n'y a eu là qu'un modeste village, qui a été absorbé par la capitale en 1860. Ce nouveau quartier s'est alors transformé en gigantesque entrepôt à vin, lequel arrivait en tonneaux transportés par voie fluviale.
La fin du XXe siècle va mettre un terme à cette activité, qu'évoquent encore le nom de certaines rues et celui de la station de métro locale (Cour Saint-Émilion). Le centre commercial de Bercy Village reste également fidèle à cette tradition vinicole et à son cadre rustique. Les anciens chais ont été gardés intacts, ce qui donne une ambiance particulièrement joviale aux magasins et aux bistrots qui s'y sont installés.

Situated between the omnisports park and the new site of Bercy Village, this 14 hectares park, which runs along the right bank of the Seine, overlooking the Bibliothèque Nationale de France (National Library of France) on the opposite bank. It is made up of three adjoining areas: successively, from east to west, a romantic garden, an educational garden which is also a vegetable plot, and, lastly, a succession of lawns planted with large trees.
Bercy's past goes back to the dawn of time as it is here that ten pirogues, used by men from the neolithic period, were found. In centuries gone by, there was only a very modest village here, which was absorbed by the capital in 1860. Firstly this new district was transformed into a huge wine store where the wine arrived in barrels by river transport.
The end of the 20th century would bring an end to this activity, although it is still evoked by the names of certain streets and that of the local métro station (Cour Saint-Émilion). The commercial centre of Bercy Village also remains faithful to this vinicultural tradition and its rustic setting. The old wine storehouses have been kept intact, creating a particularly jovial ambiance in the boutiques and eateries which are installed here.

ENTRÉE
PRINCIPALE
ENTRÉE
PRINCIPALE

68 LE BOIS DE VINCENNES

« Sa Majesté est informée que des personnes abusent de la liberté de la promenade qu'Elle veut bien donner au public dans son parc de Vincennes, et commettent plusieurs insolences... » Ordonnance royale (1720).

« His Majesty is informed that people have abused the freedom that she wishes to give to the public to stroll in her park at Vincennes, and have also committed several insolent acts... » Royal Order (1720).

Avec ses 995 hectares, c'est le plus grand espace vert de l'agglomération parisienne. Dessiné comme un immense parc à l'anglaise et parcouru d'allées propices à la promenade ou au jogging, il est surtout composé de bois et de taillis, au milieu desquels s'étendent quatre lacs. Le plus vaste d'entre eux, le lac Daumesnil, ne mesure pas moins de 12 hectares à lui seul et comporte deux îles, ce qui accentue son aspect romantique.
Dès le haut Moyen Âge, ce lambeau de forêt a été réservé aux chasses royales. À partir du XIVe siècle, il devint l'écrin naturel d'une forteresse considérable où plusieurs rois ont résidé : le château de Vincennes. Celui-ci a pu sauvegarder son enceinte fortifiée, son énorme donjon et sa sainte chapelle bâtie dans le style gothique flamboyant. Récemment restauré, il est le château fort le plus remarquable qui subsiste en Ile-de-France.
Quant au bois de Vincennes, Napoléon III en a transféré la propriété à la Ville de Paris en 1860. L'ingénieur Jean-Charles Alphand, créateur des principaux parcs de la capitale, fut alors chargé de son aménagement. Il s'est employé à lui donner ce genre de pittoresque passablement artificiel qui plaisait à l'époque du Second Empire.

With its 995 hectares, this is the largest green area of the Parisian conglomeration. Laid out like an immense English style park with alleys suitable for strolling or jogging, it's mainly composed of woods and copses, in the middle of which spread four lakes. The largest of them, Lake Daumesnil, measures no less than 12 hectares and boasts two small islands, which accentuate its romantic aspect.
Since the High Middle Ages, this stretch of forest has been reserved for Royal hunting. From the XIVth century onwards it became the natural showcase of a considerable fortress lived in by several Kings, the Château of Vincennes. It has kept its fortified enclosing walls, enormous dungeon and its Sainte Chapelle in flamboyant gothic style. Recently restored, it is the most remarkable castle remaining in the Île-de-France region.
As for the woods of Vincennes, Napoleon III transferred them so that they became the property of the city of Paris in 1860. Engineer Jean-Charles Alphand, designer of the principal parks of the capital, was given the responsibility of the layout. He set about giving them the picturesque passably artificial style which was popular at the time of the Second Empire.

OSS
MOJITO
LOIC

69 LA CITÉ NATIONALE DE L'HISTOIRE DE L'IMMIGRATION

« La part de l'immigration dans l'histoire de France est essentielle. » Nancy Green (2010).

« The part played by immigration in the history of France is essential. » Nancy Green (2010).

À la lisière du bois de Vincennes, la Porte Dorée se signale par une vaste construction caractéristique des années d'entre-deux-guerres. Derrière un portique soutenu par de hautes colonnes rectangulaires, sa façade de pierre est couverte de bas-reliefs représentant une série de scènes exotiques.

Ce palais, en effet, a été construit pour l'Exposition coloniale de 1931. Servant d'abord à présenter la France d'outre-mer, il a ensuite été un musée des arts africains et océaniens. Profondément transformé entre 2003 et 2007, c'est maintenant un établissement public qui se consacre à l'histoire et aux cultures de l'immigration en France. Collections permanentes, expositions temporaires, films et activités diverses s'efforcent d'y retracer le parcours de tous ceux qui, venus de tous les horizons, se sont installés dans notre pays – devenu le leur – pour l'enrichir de leurs différences et de leurs dons multiples.

Au rez-de-chaussée du même bâtiment, un fantastique aquarium tropical, doté de 80 bacs, contient 5 000 animaux environ : poissons de toutes sortes et de toutes couleurs, mollusques, fossiles vivants... Sans oublier la fosse aux crocodiles. Les enfants sont fascinés, les parents aussi !

On the edge of the woods of Vincennes, the Porte Dorée can be recognised as a large construction characteristic of the years between the two World Wars. Behind a large doorway, supported by high rectangular columns, its stone facade is covered with bas-reliefs representing a series of exotic scenes.

This palace, in effect, was built for the Colonial Exhibition of 1931. Firstly used for presenting overseas France, it then became the Museum of African and Oceanians Arts. Largely transformed between 2003 and 2007, it is now a public establishment devoted to the history and cultures of immigration in France. Permanent collections, temporary exhibitions, films and different activities endeavour to trace the passage of those who, coming from all horizons, have settled in our country, which has also become theirs, to enrich it with their cultural differences and numerous talents.

On the ground floor of the same building, a fantastic tropical aquarium boasting 80 tanks, contains around 5,000 exhibits, fish of all species and all colours, molluscs, living fossils... Without forgetting the crocodile pit. The children are fascinated, their parents as well!

PALAIS
DE LA PORTE DORÉE
Cité Nationale
de l'Histoire
de l'Immigration
Aquarium

70 LA PASSERELLE SIMONE DE BEAUVOIR ET LA BIBLIOTHÈQUE FRANÇOIS-MITTERRAND

« Le paradis, à n'en pas douter, n'est qu'une immense bibliothèque. » Gaston Bachelard (1958).

« Paradise, without doubt, is nothing other than an immense library. » Gaston Bachelard (1958).

Lancée en 2006 par l'architecte Dietmar Feichtinger, la passerelle Simone de Beauvoir relie le parc de Bercy à la Grande Bibliothèque. Constituée de deux ponts qui se rejoignent, elle est réservée aux piétons.

Le site séculaire de la rue de Richelieu étant devenu tout à fait insuffisant, la Bibliothèque nationale a dû trouver une seconde implantation. Fin 1996, elle s'est installée dans un vaste ensemble – dit « site de Tolbiac » – élaboré par l'architecte Dominique Perrault, qui est également l'auteur du mobilier. Vu de loin, il s'agit d'une haute terrasse parallèle à la Seine, surplombée par quatre tours de verre en forme de livres entrouverts qui s'élancent vers le ciel.

Les collections qui y sont rassemblées comptent quelque dix millions de livres, sans compter les périodiques, les imprimés éphémères et tous les documents audiovisuels. La totalité occupe 385 km de rayonnages linéaires. Les salles de consultation et d'exposition se trouvent dans les parties basses, au-dessous de l'esplanade qui en forme le toit.

Au centre, un jardin de 12 000 m^2, planté de pins, fait penser au cloître d'une abbaye. La sérénité méditative qui s'en dégage s'harmonise parfaitement avec la paix des salles de lecture. On dirait que l'architecte s'est inspiré d'une réflexion que Cicéron notait il y a plus de deux millénaires : « Si vous possédez une bibliothèque et un jardin, vous avez tout ce qu'il vous faut. »

Built in 2006 by architect Dietmar Feichtinger, the Simone de Beauvoir bridge joins the Bercy park to the Grande Bibliothèque (Library). Made up of two bridges joined together it is pedestrian only.

The traditional site of the rue de Richelieu having become insufficient, the Nation Library had to look for a new home. At the end of 1996, it was installed in a vast group of buildings, known as « Tolbiac site », elaborated by architect Dominique Perrault, who also designed the furnishings. Seen from afar, it looks like a high terrace parallel to the Seine, overhung by four glass towers in the form of open books which launch skywards.

The collections gathered here count around ten million books, not counting periodicals, ephemeral printings and all of the audio visual documents. The totality occupies 385 km of linear shelves. The consulting rooms and exhibition halls can be found on the lower floors, underneath an esplanade which forms the roof.

In the centre a garden of 12, 000 m^2, planted with pines, makes you think of the cloisters of an abbey. The contemplative serenity it gives out is in perfect harmony with the calm of the reading rooms. You could say that the architect was inspired by a reflection that Ciceron wrote over two thousand years ago: *« If you possess a library and garden you have everything you need. »*

71 LA MANUFACTURE DES GOBELINS

« La Bièvre, ruisseau auquel Goubelin teint l'écarlate... » François Rabelais (1532).

« The Bièvre stream which Goubelin tinted scarlet... » François Rabelais (1532).

Cette manufacture nationale est l'héritière directe des anciens ateliers royaux de tapisserie. Dans des bâtiments dont les parties les plus anciennes datent du XVIIe siècle, les lissiers poursuivent la tradition d'autrefois. On peut les voir travailler avec une minutie exemplaire et un sens artistique très sûr, installés devant leurs métiers de haute lisse, attentifs à suivre leurs modèles, qui sont souvent des cartons de grands artistes contemporains.
Un certain Jean Gobelin (ou Goubelin) venu de Reims vint s'établir ici en 1443. Teinturier, il avait besoin d'un cours d'eau pour exercer son activité. Or, comme la Bièvre, modeste affluent de la Seine (à présent recouvert), traversait ce quartier, il fit construire un moulin qui s'appela le « moulin des Gobelins ». Ce nom s'imposa définitivement lorsque, à proximité, le roi Henri IV fonda un atelier de tapisserie en 1601 et le confia à des artisans flamands.
Sous Louis XIV, Colbert réorganisa la manufacture en favorisant de nouveaux procédés de fabrication. En 1663, il nomma à sa tête le peintre Charles Le Brun et la rattacha à l'institution des Meubles de la Couronne, ancêtre de l'actuel Mobilier national dont elle dépend maintenant.

This national factory is the direct heir of the ancient Royal tapestry workshops. In these buildings, of which the older parts date from the XVIIth century, the weavers continue the traditions of days gone by. You can see them working with an exemplary attention to detail and a confirmed artistic talent, installed in front of their looms, taking care to follow their patterns which are often models of major contemporary artists.
A certain Jean Gobelin (or Goubelin) from Reims established himself here in 1443. Dyer by trade, he needed running water to be able to work. Yet as the Bièvre, a modest tributary of the Seine (now covered over), crossed the area, he had a watermill built which was known as the « Gobelins mill » after its owner. This name became definitive when, much later, King Henri IV founded a tapestry workshop in 1601 and employed Flemish craftsmen.
Under Louis XIV, Colbert reorganised the factory using new fabrication procedures. In 1663, he named painter Charles Le Brun at the head and associated with the Institution of Furniture of the Crown, ancestor of the present National Mobilier, on whom it depends today.

MANVFACTVRE NATIONALE
DES GOBELINS
Gobelins par Nature
Éloge de la Verdure XVIe–XXIe siècle
9 avril 2013 / 19 janvier 2014
Carte blanche à Éva Jospin
→ 9 AVRIL / 22 SEPTEMBRE 2013
AVENUE DES GOBELINS

72 LA CITÉ DE LA MODE ET DU DESIGN

« Pour voir Paris autrement. » Cyril Aouizerate (2012).

« To see Paris differently. » Cyril Aouizerate (2012).

Surplombant la Seine de sa surprenante structure verte, ce lieu exceptionnel de 14 000 m^2 s'allonge au bord du quai d'Austerlitz. Véritable laboratoire international ouvert à toutes les tendances de la création, il ambitionne de sensibiliser le public aux métiers de la mode et du design.

Au départ, il y avait la lugubre carcasse en ciment armé des magasins généraux du port autonome de Paris, construits en 1907 et laissés à l'abandon. À partir de 2005, l'idée a prévalu de ne pas les démolir, mais de les rénover et de les recouvrir d'une audacieuse façade en verre sérigraphié, inventée par le cabinet d'architectes Jakob+MacFarlane. Une forme mi-aquatique, mi-serpentine et une teinte d'un éclatant vert clair achèvent de donner au nouveau bâtiment une identité très forte qui se repère de loin.

Occupé dès 2008 par l'Institut français de la mode, c'est aussi un espace d'accueil pour une foule de manifestations et d'activités : expositions, défilés, boutiques, galeries… Culture et loisirs y font bon ménage : au bout des coursives de cet immense vaisseau de verre, on trouve des restaurants, un jardin suspendu et un solarium formant balcon au-dessus du fleuve. Le paysage y est de toute beauté.

Overhanging the Seine with its surprising green structure, this exceptional building of 14,000 m^2 runs alongside the quai d'Austerlitz. A real international laboratory open to all forms of creation, its ambition is to make the public aware of the different professions of the fashion and design industry.

In the beginning there was the dismal reinforced concrete framework of the general stores of the independant port of Paris, built in 1907 and later abandoned. From 2005, the idea was evoked not to demolish them, but to renew them and to cover them with an bold glass facade, invented by the cabinet of architects Jakob+MacFarlane. A mi-aquatic, mi-serpentin form in a very bright shade of green combine to give this new building a very strong identity which can be seen from afar.

Occupied since 2008 by the French Institute of Fashion, it is also a place of many events and activities, exhibitions, fashion shows, boutiques, galleries… Culture and leisure go happily hand in hand here, at the end of the passageways of this immense glass vessel you will find restaurants, a suspended garden and a solarium forming a balcony over the river. The views are magnificent.

FURUNO
06 12 17 42 76
Le bateau

73 LE CIMETIÈRE DU MONTPARNASSE

« Si Paradis il y a, Paradis ne sera que si j'y suis accueillie par mes chients (sic) et mes chats. » Inscription sur la tombe de la famille Sicre (vers 1980).

« If Paradise exists, Paradise will only be if I am welcomed by my dogs and my cats. » Inscription on the tomb of the Sicre family (around 1980).

Appelé aussi « cimetière du sud », le cimetière Montparnasse est le plus vaste de la rive gauche : sa superficie totale s'étend sur 18 hectares. Il est traversé par la rue Émile-Richard, qui le coupe en deux parties inégales... et sert d'adresse aux seuls défunts ! Au Moyen Âge le terrain dépendait d'une ferme ; la tour qui se dresse à l'ouest au milieu des sépultures est, du reste, un ancien moulin à vent du XVIe siècle. Par ailleurs, les moines d'un couvent proche enterraient ici leurs morts, ce qui incita les autorités municipales à acheter les terrains d'alentour pour en faire, en 1824, une des nécropoles parisiennes.

Beaucoup de morts célèbres ont été inhumés à Montparnasse, en particulier des écrivains : Guy de Maupassant et Charles Baudelaire, Simone de Beauvoir et Jean-Paul Sartre... Bon nombre de comédiens aussi, comme Philippe Noiret, Delphine Seyrig et Laurent Terzieff. Des artistes de toutes sortes : le chanteur Serge Gainsbourg, le photographe Man Ray, le cinéaste Jacques Demy... Et naturellement une multitude d'anonymes, dont les tombes portent quelquefois des épitaphes aussi mystérieuses que poétiques : « Nous sommes de vieux oiseaux » ou « J'ai tant neigé pour que tu dormes. »

Also known as the « cemetery of the south », the Montparnasse cemetery is the largest of the left bank. Its total surface area is 18 hectares. It is crossed by the rue Émile-Richard, which divides it into two unequal parts... and serves only the dead as an address! In the Middle Ages this was farm land, the tower rising up among the tombs in the west is the remains of an old windmill from the XVIth century. The monks from a nearby convent buried their dead here which incited the municipal authorities to buy the land around in order to create, in 1824, one of the Parisian graveyards.

Many famous people are buried here at Montparnasse, in particular writers Charles Baudelaire and Guy de Maupassant, Simone de Beauvoir and Jean-Paul Sartre...A number of actors, like Philippe Noiret, Delphine Seyrig and Laurent Terzieff, and artists of all sorts, singer Serge Gainsbourg, photographer Man Ray, film director Jacques Demy... Also a multitude of anonymous people, whose tombs sometimes bear epitaphs as mysterious as they are poetic : *« We are old birds »* or *« I have snowed so much for you to sleep. »*

FAMILLE Jules LEOBOLDTI

74 LE PARC MONTSOURIS

« La petite seconde d'éternité / Où tu m'as embrassé / Où je t'ai embrassée / Un matin dans la lumière de l'hiver / Au parc Montsouris à Paris... » Jacques Prévert (1946).

« The brief second of eternity / When you kissed me / When I kissed you/ One morning in the winter light / In the park Montsouris in Paris... » Jacques Prévert (1946).

Aménagé sur une quinzaine d'hectares de terrain vallonné, c'est le grand parc public du sud de Paris. Rejoignant les promeneurs, les enfants et les amoureux du quartier, les étudiants de la cité universitaire n'ont que le boulevard Jourdan à traverser pour en parcourir les allées. Son nom serait une déformation de « Moque Souris », allusion ironique à l'époque où les moulins de la Bièvre voisine, laissés inactifs et inhabités, étaient devenus le royaume des mulots et des souris.

Faisant pendant aux Buttes-Chaumont, le parc Montsouris est terminé en 1878. Initialement, le sol ne se prêtait guère au projet : traversé par deux voies ferrées, il était en outre bosselé par les anciennes carrières de Montrouge. Mais s'inspirant des jardins londoniens, son concepteur, l'ingénieur Jean-Charles Alphand, fait creuser un lac artificiel, trace des allées sinueuses et plante quelque 1 400 arbres tout en ménageant des pelouses vastes comme des prairies. De nombreuses statues, érigées peu à peu, sont ensuite venues agrémenter le paysage.

L'observatoire météorologique de Paris y a élu domicile. Fondé en 1872, il consigne ses relevés depuis cette date. Aucun des caprices du temps ne peut lui échapper.

Laid out over about fifteen hectares of hilly land, it is the main public park of the south of Paris. Joining strollers, children and the lovers of the district, the students of the City University only have to cross the boulevard Jourdan to enjoy the rolling alleys. Its name is supposed to be a deformation of « Moque Souris », (Funny Mice), an ironic allusion to the days when the water mills of the neighbouring Bièvre, left unused and uninhabited, became the kingdom of voles and mice.

As a mirror image to the Buttes-Chaumont, park Montsouris was finished in 1878. Initially, the ground was not at all suited to the project, it was crossed by two railway lines, and was, among other problems, made bumpy by the old quarries of Montrouge. Taking his inspiration from the gardens of London, its creator, engineer Jean-Charles Alphand, dug out an artificial lake, traced winding alleys and planted about 1,400 trees while, at the same time, leaving vast lawns like prairies. Numerous statues, erected little by little, came along to improve the views.

The meteorologic observatory of Paris is installed here. Founded in 1872, it stores the records since this date. None of the whims of the weather can escape it.

75 LES CATACOMBES

« Arrête ! C'est ici l'empire de la Mort. » Jacques Delille (1804).

« Stop! This is the empire of Death. » Jacques Delille (1804).

Les catacombes de Paris, beaucoup plus récentes que celles de Rome, n'ont pas le même caractère sacré pour les chrétiens. Mais c'est un lieu insolite, qui n'a jamais cessé de susciter beaucoup de curiosité, attisée par les légendes et les fantasmes. On prétend que des marginaux y vivent cachés, qu'il s'y donne des orgies réservées aux initiés, que des malheureux y sont morts, perdus dans le dédale des souterrains... En réalité, la visite ne présente aucun risque, mais elle impose une étrange plongée.
Descendant sous terre à partir de la place Denfert-Rochereau, on atteint un impressionnant labyrinthe. Il s'agit d'anciennes carrières où étaient extraites les pierres servant à bâtir la capitale. De 1787 à 1814, tous les ossements qui, depuis des siècles, s'entassaient dans les cimetières de la capitale y ont été transportés, soit les restes de six millions de Parisiens.
L'endroit exhale une certaine forme de poésie. Des alignements de crânes, des inscriptions romantiques, de longues galeries, des salles voûtées : le décor est éminemment singulier. S'y ajoute le prestige d'un passé dangereux : le colonel Rol-Tanguy, chef régional de la Résistance, en avait fait son quartier général en 1944.

The catacombs of Paris, much more recent than those of Rome, do not have the same sacred character for Christians. It is an unusual place which has never ceased to arouse curiosity, fuelled by legends and fantasies. It is said that a fringe element live hidden away here, that there are orgies reserved for the initiated, that some poor souls have died lost in the maze of the underground passages... In reality, the visit presents no risks and no danger, but does impose a strange descent into the unknown!
Descending underground from the place Denfert-Rochereau, you will come across an impressive labyrinth. It consists of the ancient quarries from where the stones were extracted to build the capital. From 1787 to 1814, all the bones which, for many centuries, had been piled up in the cemeteries of the capital were transported here, the mortal remains of six million Parisians.
The place breathes a certain form of poetry. The line up of skulls, romantic inscriptions, long galleries, vaulted halls, the decor is eminently unique. Add to that the prestige of a dangerous past, Colonel Rol-Tanguy, regional chef of the Resistance, made it his headquarters in 1944.

MAIRIE DE PARIS
LES CATACOMBES DE PARIS
THE CATACOMBS OF PARIS

76 LA FONDATION CARTIER

« J'ai planté vingt-trois cèdres de Salomon et deux chênes des druides. » François-René de Chateaubriand (1833).

« I planted twenty three Salomon cedars and two oaks of druids. » François-René de Chateaubriand (1833).

Derrière une immense vitre qui l'abrite de la rumeur du boulevard Raspail, l'entrée de la fondation Cartier est ombragée par un magnifique cèdre du Liban. C'est un des arbres que Chateaubriand a plantés en 1825 sur ce terrain, qui était alors un jardin attenant à sa maison, comme il le raconte dans ses *Mémoires d'outre-tombe*. Désormais encadré de jeunes plantations, il jaillit d'un énorme pot en céramique de couleur vive. Car ce témoin du passé a été remis au goût du jour pour répondre à l'image de la fondation, délibérément orientée vers l'art contemporain.

Réalisé en 1994 par l'architecte Jean Nouvel, le bâtiment s'élève au milieu d'un espace de verdure. Sa structure joue sur la légèreté et la sérénité, la transparence et les reflets. Avec une surface de 1 200 m^2, il comporte six niveaux, dont trois sont réservés aux expositions.

Outre une collection permanente riche de plus d'un millier d'œuvres, la Fondation présente des artistes venus de partout et pratiquant des disciplines très diverses : peinture, sculpture, photographie, vidéo, son, arts de la scène, etc. Elle tâche de rendre accessible à tous ce que la création d'aujourd'hui produit de plus significatif ou de plus novateur.

Behind an immense window, which helps to deaden the constant noise of the traffic on the boulevard Raspail, the entrance of the Foundation Cartier is sheltered by a magnificent cedar of Liban. It is one of the trees that Chateaubriand planted in 1825 on this land, which was at the time a garden joined to the house, as he recounts in his *Memories from the Grave*. Now surrounded by young plantations, it springs from an enormous brightly coloured ceramic plant pot. This witness from the past has been brought up to date to reflect the image of the foundation, deliberately turned towards contemporary art.

Built in 1994 by architect Jean Nouvel, the building rises from the middle of a planted area. Its structure plays on lightness and serenity, transparence and reflections. With a surface of 1, 200 m^2 it has six floors, three of which are reserved for exhibitions.

As well as a permanent collection of over a thousand works, the Foundation presents artists from all over the world who practice many different art disciplines, painting, sculpture, photography, video, sound, theatre arts, etc. It tries to make the most significative and innovant creations of our time accessible to everyone.

Fondation Cartier
pour l'art contemporain

77 L'OBSERVATOIRE

«Sans l'astronomie, l'homme ignore la place qu'il occupe.» Aristote (IVe siècle av. J.-C.)

«Without astronomy, man would not know the space he occupies.» Aristotle (IVth century BC)

Au fond de l'avenue qui porte son nom, l'Observatoire de Paris continue d'être un des grands centres de la recherche astronomique trois siècles et demi après sa fondation. Si les appareils scientifiques ont évidemment beaucoup évolué, les bâtiments (agrandis) sont les mêmes que ceux de l'Académie royale des sciences, créée par Louis XIV et Colbert en 1666. L'édifice de Claude Perrault, terminé en 1672, a gardé ses belles lignes sobres. De grands savants ont travaillé dans ces murs, à commencer par les membres de la famille Cassini qui, sur quatre générations, se sont passé le flambeau entre 1671 à 1793. Au XIXe siècle, les directeurs restent tout aussi actifs : Arago y développe la photométrie, Le Verrier y invente la météorologie, Mouchez entreprend de dresser une carte du ciel...

Tout au long de son histoire, l'Observatoire a fait progresser la science à grands pas : c'est là que le méridien de Paris (remplacé par celui de Greenwich en 1884) a été fixé, que le système métrique a pris naissance, que la première horloge parlante a été mise au point... De nos jours, après l'annexion de la grande coupole de Meudon et de la station de radioastronomie de Nançay, les recherches continuent.

At the end of the avenue which bears its name, the Observatory of Paris continues to be one of the main centres of astronomic research three and a half centuries after its foundation. Even though scientific equipment has evidently evolved greatly, the buildings (though enlarged) are the same as those of the Royal Academy of Sciences, created by Louis XIV and Colbert in 1666. The edifice of Claude Perrault, finished in 1672, has kept its beautiful simple lines.

Many great savants have worked within its walls, starting with the members of the Cassini family who, over four generations, passed the torch between 1671 and 1793. In the XIXth century the directors remained just as active, Arago developed photometry here, Le Verrier invented meteorology, Mouchez attempted to create a map of the sky...

Throughout its history, the Observatory has played a large part in the progression of science. It was here that the Paris meridian (replaced by that of Greenwich in 1884) was fixed, and that the metric system was invented, that the first talking clock was developed... Nowadays, after the annexation of the grand dome of Meudon and the radio-astronomic station of Nançay, research continues.

OBSERVATOIRE
LE VERRIER

78 LE PONT MIRABEAU

«Sous le pont Mirabeau coule la Seine / Et nos amours. Faut-il qu'il m'en souvienne...»
Guillaume Apollinaire (1912).

«Under the Mirabeau Bridge flows the Seine /And our love. Must I recall...» Guillaume Apollinaire (1912).

Construit dans l'axe de la rue de la Convention et destiné à relier le 15e au 16e arrondissement, ce pont a été ouvert en 1897. Son tablier d'acier compte trois arches dont la plus longue, au centre, mesure 93 mètres. Son profil mince, ses deux piles étroites de granit et ses sculptures de bronze lui confèrent une élégance typique de la Belle Époque.

Cette réalisation des ingénieurs Jean Résal et Amédée Alby fut leur coup d'essai parisien avant la commande du pont Alexandre-III et de plusieurs autres créations métalliques. Ces prouesses sont de celles qui reléguèrent définitivement dans le passé l'ère des ponts de pierre, avec leurs nombreuses contraintes. Le sculpteur Jean-Antonin Injalbert a orné l'ouvrage de quatre statues allégoriques, parmi lesquelles trône la Ville de Paris sous les traits d'une naïade dénudée aux formes opulentes.

Le pont Mirabeau demeure attaché à Guillaume Apollinaire ; il en a fait le symbole de l'amour qui s'enfuit et du temps qui s'écoule. Son poème est inspiré par Marie Laurencin, peintre qui fut sa maîtresse pendant quelques brèves années. Elle habitait alors à Passy, rue La Fontaine, de sorte qu'il franchissait souvent le pont Mirabeau pour la rejoindre.

Built in the line of the rue de la Convention with the intention of joining the 15th and 16th arrondissements, this bridge opened in 1897. Its steel bulkhead has three arches of which the longest, the central one, measures 93 metres. Its slim profile, its two straight granite columns and its bronze sculptures bestow it with the elegance so typical of the Belle Époque.

This realisation, by engineers Jean Résal and Amédée Alby, was their Parisian trial run before the commission of the Alexandre-III bridge and of several other metallic structures. These feats have definitively relegated the era of stone bridges, with their numerous restrictions, into the past. Sculptor Jean-Antonin Injalbert decorated the work with four allegorical statues, among which thrones the city of Paris represented as a naked water nymph with generous forms.

The Mirabeau Bridge remains linked to Guillaume Apollinaire, he turned it into the symbol of dying love and passing time. His poem was inspired by Marie Laurencin, an artist who was his mistress for a few brief years. She lived in the Passy area, rue La Fontaine, meaning he often crossed the Mirabeau Bridge to meet her.

79 LE PARC ANDRÉ-CITROËN

« Il est à souhaiter que les jardins soient regardés de haut en bas. » Olivier de Serres (1600).

« It is preferable that gardens should be looked at from top to bottom. » Olivier de Serres (1600).

Voici le seul jardin de Paris qui peut être vu d'une montgolfière, laquelle permet également de découvrir, à 150 mètres au-dessus de la Seine, un merveilleux paysage urbain... Un ballon captif est en effet l'attraction vedette de ce parc établi à l'angle sud-est du 15e arrondissement. Là étaient auparavant implantés les ateliers de l'usine Citroën, à l'époque où l'infatigable 2CV triomphait sur les routes de France et de Navarre.
Rien ne prédisposait ce terrain à devenir un parc public ; avant Citroën, on y fabriquait déjà un produit industriel : l'eau de Javel, ainsi nommée parce que ce lieu dépendait du hameau de Javel, en lisière de la plaine de Grenelle. Aussi a-t-il fallu 43 000 m^3 de terre pour y aménager un bel espace verdoyant de 14 hectares.
À la fois simple dans son aspect général et sophistiqué dans ses détails, le parc André-Citroën a été inauguré en 1992. Il se divise en trois jardins principaux. Le plus petit est le jardin blanc où poussent des plantes vivaces. Le jardin noir présente une végétation dense sur deux hectares. Les onze hectares restants débouchent sur la Seine : égayés de jeux d'eau, ils déroulent de longues pelouses où il fait bon lézarder aux beaux jours.

This is the only park of Paris that can be seen from a hot air balloon, also allowing you to discover, at 150 metres above the Seine, a magnificent urban panorama... A fixed-line air balloon is, in effect, the star attraction of this park established on the south-east corner of the 15th arrondissement, in the place where the workshops of the Citroën factory used to be during the days when the indefatigable 2CV car triumphed on the roads of France and Navarre.
Nothing predisposed this land to become a public park. Even before the Citroën factory, an industrial product was produced here, « l'eau de Javel » (bleach) named for the small village of Javel on the edge of the Grenelle plain. 43,000 m^3 of land was required to lay out a beautiful green park of 14 hectares.
At the same time simple in its general aspect and sophisticated in its details, the André-Citroën park was inaugurated in 1992. It is divided into three principal gardens, the smallest is the white garden where the perennial plants grow, the black garden presents a dense vegetation over two hectares and the remaining eleven hectares open out onto the Seine. Animated with fountains and water features, long lawns stretch out, a great place to sunbathe when the warm weather arrives.

80 LA TOUR MONTPARNASSE

« Faut-il détruire la tour Montparnasse ? » Le Nouvel Observateur (2008).

« Should the Montparnasse Tower be destroyed? » Le Nouvel Observateur (2008).

Lors de son inauguration en 1973, c'était le plus haut immeuble de bureaux construit en Europe : 210 mètres et 59 étages, pour une surface totale de 120 000 m² éclairés par 7 200 fenêtres. Sa masse de verre sombre surplombe la rive gauche à la façon d'un phare géant et solitaire.

La tour Montparnasse s'élève à l'emplacement de l'ancienne gare Montparnasse qui s'avérait inadaptée au progrès du trafic ferroviaire. Souhaitée par Georges Pompidou, alors président de la République, avalisée par André Malraux, ministre de la Culture, la construction commença en 1970. Ses fondations nécessitèrent la pose de 56 piliers de béton armé enfoncés à 70 mètres de profondeur.

À mesure qu'il prenait de la hauteur, ce gratte-ciel suscita une virulente polémique, qui renaît sans cesse depuis quarante ans. Ses adversaires, le comparant à une cicatrice sur un visage, réclament sa démolition. Ses partisans répètent les propos de l'architecte Dominique Perrault qui assure que son principal tort est d'être isolé et qu'« il faudrait en construire d'autres autour ». En attendant, 1 200 000 visiteurs montent chaque année au dernier étage pour admirer la vue : tous sont d'accord pour la trouver extraordinaire.

When it was inaugurated in 1973, it was the highest office building in Europe, 210 metres and 59 floors, for a total surface of 120,000 m² illuminated by 7,200 windows. Its mass of dark glass stands guard over the left bank like a giant and solitary lighthouse.

The Montparnasse Tower rises up on the site of the ancient Montparnasse station which became inadequate with the progression of railway travel. Commissioned by Georges Pompidou, then President of the Republic, endorsed by André Malraux, Minister of Culture, construction began in 1970. Its foundations required 56 reinforced concrete pillars sunk to a depth of 70 metres.

As it gained height this skyscraper caused a violent polemic, which has repeatedly come up over the last forty years. Its adversaries compare it to a scar on the face and demand its demolition. Its supporters repeat the remarks of its architect Dominique Perrault who says that its main problem is that it is isolated and that « we should build other towers around it ». While all this is going on, 1,200,000 visitors each year go up to the top floor to admire the view and they are unanimous, they find it spectacular!

81 LE BOIS DE BOULOGNE

« Le jardin élyséen de la femme. » Marcel Proust (1913).

« The heavenly garden of woman. » Marcel Proust (1913).

Propriété de la Ville de Paris, le bois de Boulogne couvre 846 hectares. Cette fantastique réserve d'oxygène à l'ouest de la capitale est depuis longtemps un agréable lieu de promenade. Les sportifs l'apprécient également et, si les cavaliers y sont moins nombreux qu'il y a un siècle, ils ont leur équivalent moderne : les joggeurs. On y fait aussi du canotage sur l'un des lacs artificiels.
Il s'agit, à l'origine, d'un lambeau subsistant de la grande forêt de Rouvray qui tapissait une partie de l'Ile-de-France au Moyen Âge. Philippe Auguste, au début du XIIIe siècle, en fit une réserve pour les chasses royales. Cent ans plus tard, Philippe le Bel y fit bâtir une chapelle à la suite d'un pèlerinage à Boulogne-sur-Mer et ce nom se transmit au bois environnant.
À partir de 1852, sa conversion en parc public s'est effectuée à la demande personnelle de Napoléon III. 400 000 arbres y ont alors été plantés, des pavillons construits, un complexe système hydrographique mis en place… Le Bois – comme disaient les Parisiens de l'époque – devint le rendez-vous des gens à la mode ; chaque jour, les femmes venaient y rivaliser d'élégance, vêtues de longues toilettes et coiffées de volumineux chapeaux.

Property of the city of Paris, the woods at Boulogne cover 846 hectares. This fantastic reserve of oxygen to the west of the capital has been a very pleasant place for strolling for a long time. Sporty people also enjoy it and even though the horse riders are less numerous than a century ago, they have their modern day equivalent, joggers. You can also go rowing on one of the the artificial lakes.
It was, in the beginning, a remaining part of the forest of Rouvray which covered a large part of Ile-de-France in the Middle Ages. Philippe Auguste, at the beginning of the XIIIth century, made it into a reserve for Royal hunts. A hundred years later Philippe le Bel had a chapel built here after a pilgrimage to Boulogne-sur-Mer and this name was adopted by the surrounding woods.
From 1852, its conversion into a public park was carried out under the personal demand of Napoleon III. 400,000 trees were planted, pavilions built, a complex water system set up … The « Woods », as the Parisians of the time referred to them, became the meeting place of fashionable people. Each day women came here to show off their elegance, decked out in long dresses and wearing voluminous hats.

82 LE MUSÉE MARMOTTAN-MONET

« Ce que je ferai... ce sera l'impression de ce que j'aurai ressenti. » Claude Monet (1869).

« What I will do... will give the impression of what I felt. » Claude Monet (1869).

Situé dans le quartier du Ranelagh, non loin de la porte de la Muette, ce joli musée porte un double nom : celui du collectionneur qui en a permis la création et celui du peintre Claude Monet. De cet artiste, en effet, il possède la plus importante collection existant au monde. Les tableaux présentés ici jalonnent sa carrière tout entière et comprennent bon nombre de chefs-d'œuvre, notamment *Impression, soleil levant*, qui servit à nommer le mouvement des impressionnistes.

En 1882, l'avocat Jules Marmottan achète un ancien pavillon de chasse et y entrepose sa collection d'objets d'art appartenant principalement au Moyen Âge et à la Renaissance. Son fils Paul, également collectionneur, mais de préférence intéressé par le Premier Empire, transforme la maison en hôtel particulier. À sa mort en 1932, il lègue l'ensemble à l'Académie des beaux-arts.

Ce sont des legs successifs qui vont plutôt orienter le musée vers l'impressionnisme, en particulier celui de Michel Monet, second fils du maître, en 1966. Plus tard, d'autres donations enrichiront ce fonds en y ajoutant des toiles de premier ordre, signées des plus grands noms de cette période : Manet, Renoir, Pissarro, Sisley, Berthe Morisot...

Situated in the Ranelagh area, not far from porte de la Muette, this pretty museum bears a double name, that of the collector who was responsable for its creation and that of painter Claude Monet. Effectively he owns the most important collection in the world by this artist. The paintings presented here span his entire career and include a great number of masterpieces, notably *Impression, sunrise*, which gave its name to the movement of the impressionnists.

In 1882, lawyer Jules Marmottan bought an ancient hunting pavilion to house his collection of objects, mainly coming from the Middle Ages and the Renaissance. His son Paul, also a collector with the First Empire as his main interest, transformed the house into a very impressive town house. Upon his death in 1932 he left it to the Academy of Beaux-Arts.

It was successive legacies which would orient the museum towards impressionnism, in particular that of Michel Monet, second son of the master in 1966. Later other donations enriched the collection by adding some first class works, signed by the greatest names of the period, Manet, Renoir, Pissarro, Sisley, Berthe Morisot...

MUSÉE
MARMOTTAN
MONET
2
Musée
Marmottan
Monet
Marie
Laurencin
PROLONGATION
Musée
Marmottan
Monet
Marie
Laurencin
PROLONGATION

83 LE PALAIS DE CHAILLOT

« Dans ces murs voués aux merveilles / J'accueille et garde les ouvrages / De la main prodigieuse de l'artiste. » Paul Valéry (1937).

« Between these walls devoted to wonders / I welcome and protect the works / By the prodigious hand of an artist. » Paul Valéry (1937).

Sur la rive droite, en face de la tour Eiffel dont elle offre la vue la plus impressionnante, la colline de Chaillot supporte deux corps de bâtiments symétriques. Ils ont été construits en arc de cercle, de part et d'autre d'une esplanade formant belvédère au-dessus d'une succession de jardins et de bassins. On dirait un gigantesque décor de théâtre dominant la Seine.

Cet endroit était autrefois occupé par un couvent qui a disparu après la Révolution. Pour l'Exposition universelle de 1878, on y éleva un monument bizarre d'inspiration mauresque : le palais du Trocadéro. Celui-ci fut à son tour rasé à l'occasion d'une autre Exposition, celle de 1937. Ce nouveau palais est un excellent exemple de l'architecture de ces années-là, avec ses sculptures de Paul Belmondo, ses fresques de Raoul Dufy et ses inscriptions symboliques de Paul Valéry.

Après la Seconde Guerre mondiale, il a été le siège de l'Organisation des Nations unies et c'est ici que son assemblée générale a adopté la déclaration des droits de l'homme (le 10 décembre 1948). Actuellement, il abrite plusieurs musées, des écoles spécialisées et le fameux théâtre de Chaillot, qui a connu ses premières heures de gloire à l'époque de Jean Vilar et du Théâtre national populaire.

On the right bank, opposite the Eiffel Tower over which it has the most impressive view, the Chaillot « hill » has two symmetrical buildings. They were built in a semi circle, on either side of an esplanade, forming a belvedere over a succession of gardens, fountains and water features. It looks like a gigantic theatre backdrop overlooking the Seine.

In days gone by there was a convent on this spot but it disappeared after the Revolution. For the Universal Exhibition of 1878 they built a strange monument of Moorish inspiration, the Palace of Trocadéro. This was then demolished in its turn for another Exhibition, that of 1937. This new palace is an excellent example of the architecture of those years with its sculptures by Paul Belmondo, its frescoes by Raoul Dufy and its symbolic inscriptions by Paul Valéry.

After the Second World War, it became the headquarters of the United Nations and it was here that the general assembly adopted the declaration of the rights of man (on the 10th December 1948). Nowadays it is home to several museums, specialist schools and the famous theatre of Chaillot, which knew its earliest hours of glory at the time of Jean Vilar and the Théâtre National Populaire.

84 L'AVENUE FOCH

« C'était un immense fleuve d'amants qui coulait vers le Bois sous le ciel étoilé et brûlant. »
Guy de Maupassant (1885).

« It was an immense river of lovers who flowed towards the Woods under a starry and burning sky. »
Guy de Maupassant (1885).

Lors de son ouverture en 1854, l'avenue la plus large de Paris (120 mètres) s'est appelée « avenue de l'Impératrice », en hommage à la jeune Eugénie de Montijo que Napoléon III avait épousée l'année précédente. Après la chute de l'Empire, elle se nomma « avenue du Bois-de-Boulogne », avant d'être rebaptisée « avenue Foch » en 1929. Décrite par de grands auteurs comme Zola, Daudet, Maupassant et Proust, elle a toujours été liée à l'image d'une société élégante et fortunée.
Partant de l'arc de triomphe de l'Étoile, elle mène à la porte Dauphine, 1 300 mètres plus loin. Entièrement bordée de jardins, elle offre la particularité d'avoir gardé ses allées cavalières datant de l'époque où la jeunesse dorée montait à cheval pour aller se promener dans les allées du bois de Boulogne. En revanche, beaucoup de vieux hôtels particuliers ont disparu au profit d'immeubles de luxe, l'avenue Foch restant une des voies les plus prestigieuses de la capitale.
Toutes sortes de personnalités y ont habité : le dandy Boni de Castellane, le musicien Claude Debussy, l'écrivain Marcel Pagnol... Mais cette brillante avenue a eu aussi ses heures sombres : durant l'Occupation, les nazis y avaient installé la Gestapo.

When it was finished in 1854 the widest avenue of Paris (120 metres), was known as « avenue de l'Impératrice » in homage to the young Eugénie de Montijo who Napoleon III had married the previous year. After the fall of the Empire, it was renamed « avenue du Bois-de-Boulogne », before being changed again to « avenue Foch » in 1929. Described by famous authors like Zola, Daudet, Maupassant and Proust, it has always been linked to an image of an elegant and wealthy society.
Starting at the Arc de Triomphe at Étoile it leads to the porte Dauphine, 1,300 metres away. Entirely bordered by gardens, it offers the particularity of having kept its horse riding paths dating from the time when the golden youth rode their horses to the woods at Boulogne. Despite many old town houses disappearing to leave way for luxurious apartment blocks, avenue Foch remains one of the most prestigious streets of the capital.
All sorts of personalities have lived here, the dandy Boni de Castellane, musician Claude Debussy, writer Marcel Pagnol... This brilliant avenue has also known some darker hours, during the Occupation the nazis installed the Gestapo here.

METROPOLITAIN

85 LE PALAIS DE TOKYO

« Un lieu ouvert à toutes les rencontres que provoque l'art dans notre société. »
Renaud Donnedieu de Vabres (2006).

« A place open to all encounters which provoke art in our society. » Renaud Donnedieu de Vabres (2006).

Autre héritage de l'Exposition internationale de 1937 – tout comme le palais de Chaillot –, cet ample édifice domine une esplanade regardant la Seine. Son architecture affiche une monumentalité à la fois sobre et solennelle qui semble annoncer les récentes réalisations postmodernes. De chaque côté d'une colonnade centrale, les deux ailes massives abritent des institutions différentes, qui ont en commun de mettre en valeur l'art de notre temps.
L'aile située à l'est dépend de la Ville de Paris qui y a installé son musée d'Art moderne. Celui-ci, riche de 8 000 œuvres, accompagne les principaux mouvements du XXe siècle dans toute leur diversité. Des coloris chatoyants d'Henri Matisse aux installations allégoriques de Christian Boltanski, cette éclatante collection couvre avec brio les cent dernières années.
À l'ouest, les bâtiments appartiennent à l'État. Depuis 2002, ils abritent un site de création contemporaine dont les espaces transformables permettent à de jeunes artistes pionniers de réaliser leurs expériences, quels que soient leurs modes d'expression. Ici, l'effervescence s'impose et l'inventivité est à l'ordre du jour : l'art de demain est en train d'éclore au palais de Tokyo.

Another legacy of the International Exhibition of 1937, just like the Palais de Chaillot, this sweeping edifice dominates an esplanade overlooking the Seine. Its architecture shows a monumentality which is simple and grandiose at the same time. It seems to announce the recent postmodern projects. On either side of a central colonnade, the two massive wings shelter different institutions, which have in common the desire to showcase the art of our time.
The wing situated to the east depends on the city of Paris who has installed its museum of Modern Art here. Rich in 8,000 works, it accompanies the principal movements of the XXth century in all of their diversity. The shimmering colours of Henri Matisse to the allegorical installations of Christian Boltanski, this dazzling collection covers the last hundred years with panache.
To the west the buildings belong to the State. Since 2002, they have housed a site of contemporary creation of which the transformable spaces allow young pioneer artists to realise their creations, whatever their form of expression. Here, the effervescence is palpable, invention is the order of the day. The art of tomorrow is starting to bloom at the Palais de Tokyo.

86 LA MAISON DE BALZAC

« La rue Berton était encore une longue rue de village qui cheminait entre des murs couronnés d'arbres. » Julien Green (1983).

« The rue Berton was still a long street of the village which wound between the walls crowned with trees. » Julien Green (1983).

Accrochée à la pente du coteau qui domine la Seine, cette maison est un des rares vestiges de l'ancien village de Passy. Elle a son entrée rue Raynouard mais, avec les terrasses de son jardin, la propriété compte trois niveaux ; le plus bas est doté d'une porte ouvrant discrètement sur la rue Berton, venelle étroite et pavée qui n'a guère changé depuis l'époque de Balzac.
Cette double issue et ce quartier encore campagnard convenaient bien au grand écrivain, poursuivi par ses nombreux créanciers et caché ici sous un faux nom. Il y a vécu de 1840 à 1847, travaillant comme un forcené à composer de nouveaux volumes de la *Comédie humaine*. Des éditions originales de son œuvre et un riche fonds d'ouvrages critiques ont été réunis dans une bibliothèque qui occupe l'aile gauche.
Honoré de Balzac passait ses nuits à écrire, vêtu de sa fameuse robe de chambre, buvant d'innombrables tasses de café. La cafetière qu'il utilisait est toujours à la même place, marquée à ses initiales, de même que des meubles, des portraits, des livres… Car, beaucoup plus qu'un simple musée, cette demeure est une vraie maison d'écrivain, un lieu magique où l'on croit voir rôder les fantômes d'un créateur de génie.

Hanging onto the slope on the hillside which dominates the Seine, this house is one of the rare relics of the de ancient village of Passy. It has its entrance on rue Raynouard but, with the terraces of its garden, the property has three levels, the lowest has a door which opens discreetly onto rue Berton, a narrow paved alley which has hardly changed since Balzac's time.
This double exit and the countryfied surroundings suited the great writer, pursued by his numerous creditors he was hidden away here under a false name. He lived here from 1840 until 1847, working non stop to write new volumes of *The Human Comedy.* Some original editions of his work and a rich collection of critical works are gathered in a library which occupies the left wing.
Honoré de Balzac spent his nights writing, dressed in his famous dressing gown, drinking countless cups of coffee. The coffee percolator he used, marked with his initials, is still in the same place, as is his furniture, his portraits, his books… As, much more than a simple museum, this dwelling is a real writer's house, a magical place were you could be fooled into believing you can see the ghosts of the characters of a writing genius.

VILLE DE PARIS
MAISON DE BALZAC

87 LE MUSÉE GUIMET

« Asie, Asie, Asie, / Vieux pays merveilleux des contes de nourrice. » Tristan Klingsor (1903).

« Asia, Asia, Asia, / Wonderful old country of nursemaids' tales. » Tristan Klingsor (1903).

Arrondissant sa haute coupole au bord de la place d'Iéna, le musée Guimet rassemble une des plus belles collections d'art asiatique qui soit au monde. Depuis qu'il a été rénové et réorganisé de 1996 à 2001, il permet de se familiariser, dans toutes leurs richesses, avec les cultures qui se sont succédé dans la vaste zone comprise en gros entre l'Afghanistan et le Japon, d'une part, et plus au sud entre le Pakistan et l'Indonésie, d'autre part.
Le fondateur, Émile Guimet, était un riche industriel passionné de civilisations anciennes. Ayant fait le tour du monde en 1876 et acheté de remarquables œuvres d'art, il fonda un musée à Lyon, sa ville natale. Puis il transporta sa collection à Paris et fit construire l'actuel bâtiment, inauguré en 1889. Selon son vœu, le musée a été, dès l'origine, doublé d'un centre de recherches sur l'Orient. Enrichi par divers apports – notamment par le transfert d'œuvres conservées auparavant au Louvre –, le musée Guimet a ensuite été promu musée national.
Chacun selon sa sensibilité peut y trouver de quoi s'émerveiller : textiles indiens, peintures tibétaines, sculptures provenant d'Angkor, céramiques chinoises, bronzes de Java... Autant de trésors fabuleux.

Situated on the edge of the place d'Iéna, the Guimet museum with its tall dome gathers together one of the most impressive collections of Asian art anywhere in the world. Since being renovated and reorganised from 1996 to 2001, it allows you to become familiar with, in all their richness, the cultures which have succeeded each other in the vast zone included roughly between Afghanistan and Japan on one side, and further south between Pakistan and Indonesia on the other side.
The founder, Émile Guimet, was a rich industrial who was passionate about ancient civilisations. Having completed a world tour in 1876 buying remarkable works of art, he founded a museum in Lyon, his birthplace. Then he transported his collection to Paris and ordered the construction of the present building, which was inaugurated in 1889. As was his desire, the museum was, from the very beginning, also used as a research centre of the Orient. Enriched by various contributions, notably by the transfer of works that had previously been conserved in the Louvre, the Guimet Museum was then promoted to a National Museum.
No matter what your interests are, you will find something to impress you here, Indian textiles, Tibetan paintings, sculptures coming from Angkor, Chinese ceramics, bronzes from Java... So many fabulous treasures!

Trésors
de la
Chine
ancienne
Trésors
de la Chine ancienne
BRONZES RITUELS DE LA COLLECTION MEIYINTANG
Musée des arts asiatiques Guimet
guimet.fr
Du 13 mars
au 10 juin 2013
Trésors
de la
Chine
ancienne
P

88 LE PALAIS GALLIERA

« La mode se démode, le style jamais. » Coco Chanel (1954).

« Fashion can become unfashionable, style never does. » Coco Chanel (1954).

Quoique bâti dans le goût de la Renaissance italienne, ce palais ne date que de 1894. Mais c'est un pastiche de talent, dont l'architecture de pierre – greffée sur une ossature de métal – ne manque ni de noblesse ni de grâce. Le bâtiment est mis en valeur par sa situation en haut d'un jardin qui épouse la pente de la colline de Chaillot. Aménagé en musée de la Mode, il a fermé en 2009 pour subir une cure de rajeunissement avant de rouvrir ses portes en septembre 2013.

Il porte le nom d'une riche Italienne, la duchesse de Galliera. Celle-ci souhaitait en faire l'écrin d'une précieuse série d'œuvres d'art qu'elle comptait léguer à la France. Mais elle y renonça peu avant sa mort pour protester contre la politique suivie par la IIIe République. Le palais était donc vide quand la Ville de Paris en hérita. Il reçut plusieurs affectations avant d'être voué, en 1977, à l'histoire de la mode.

Avec plus de 100 000 vêtements et accessoires, le fonds de ce musée comporte des merveilles qui, vu leur fragilité, sont exposées par roulement. Des toilettes de l'Ancien Régime aux créations des meilleurs stylistes actuels, c'est le plus fantastique défilé de mode qu'on puisse imaginer.

Even though it was built in Italian Renaissance style, this palace only dates from 1894. It is however a pastiche of talent, of which the stone architecture, grafted onto a metal frame, lacks neither dignity nor grace. The building is enhanced by its situation on top of a garden which moulds the slope of the Chaillot hill. Set up as a fashion museum, it is closed for restoration at the moment but should be presenting its magnificent collections again from September 2013.

It bears the name of a rich Italian women, the Duchess de Galliera. Her wish was to present a showcase of a valuable series of art masterpieces that she wished to bequeath to France. However a little before she died she changed her mind in order to protest against the political stand of the IIIrd Republic. The palace was therefore empty when the city of Paris inherited it. It received several allocations before becoming dedicated to the history of fashion in 1977.

With over 100,000 items of clothing and accessories, the collection of this museum has many magnificent exhibitions which, because of their fragility, are exhibited in rotation. From costumes of the Ancient Regime to the creations of the best of todays fashion designers, it is the most fantastic fashion show imaginable.

89 LE SQUARE DES BATIGNOLLES

« Quand a s'baladait, sous l'ciel bleu, / Avec ses ch'veux couleur de feu, / On croyait voir une auréole, / À Batignolles. » Aristide Bruant (1895).

« When she strolled, under the blue sky, /With her hair the colour of fire, /You would think you'd seen a halo, / At Batignolles. » Aristide Bruant (1895).

Autour de son église Sainte-Marie, le quartier des Batignolles, débonnaire et presque villageois, semble se souvenir d'avoir été un simple hameau. Il accueillait alors les Parisiens qui s'y faisaient bâtir des villas « au bon air de la campagne »… jusqu'à son absorption par la capitale en 1860. Le square créé ici un peu plus tard renforce cette impression d'un environnement facile à vivre. Aménagé à l'anglaise sur 16 600 m², il a gardé le charme de ces temps lointains.

Ce n'est qu'un banal terrain vague lorsque Jean-Charles Alphand, que Napoléon III a choisi comme grand ordonnateur des parcs parisiens, entreprend d'y creuser un lac et d'y planter des arbres. Il y ajoute une véritable mise en scène : kiosque vitré, chemins tortueux, grotte et rochers artificiels, ponts de ciment armé imitant le bois…

Plusieurs arbres extraordinaires s'y sont développés, entre autres le plus gros platane de Paris (5,90 m de circonférence). Et que dire de ses oiseaux ? Barbara, née tout près de là, rue Brochant, en évoque les rouges-gorges dans ses chansons. Elle rêvait aussi de « retrouver le goût de vivre, / Le goût de l'eau, le goût du pain / Et celui du Perlimpinpin / Dans le square des Batignolles ».

Around its church Sainte-Marie, the Batignolles area, debonair and almost like a small village, seems to remember when it was a small, hamlet. It welcomed Parisians who built villas here « in the good country air »… until its absorption by the capital in 1860. The square created a little later strengthens this impression of an easy to live in environment. Laid out in English style over 16,600 m² it has kept the charm of those times long ago.

It was an unimpressive, very mundane piece of land when Jean-Charles Alphand, chosen by Napoleon III as the designer and creator of Parisian parks, set about digging out a lake and planting trees here. He then added a real fairytale setting, a glass pavilion, winding paths, a cave and artificial rocks, bridges of reinforced concrete that look like wood…

Many extraordinary trees have grown here, among others the widest plane tree in Paris (5,90 m in circumference). And what do the birds think about it? The singer Barbara, born nearby in rue Brochant, evokes the robins in her songs. She also dreamed of *« finding the will to live, / The taste of water, the taste of bread/ And that of pixie dust/ In the square des Batignolles »*.

90 LA PLACE DE CLICHY ET LE CAFÉ WEPLER

« C'est aujourd'hui le troisième ou le quatrième jour du printemps, et me voici assis place Clichy en plein soleil. » Henry Miller (1936).

« Today is the third or fourth day of spring and here I am, sitting at place Clichy in the sun. » Henry Miller (1936).

La place de Clichy se trouve exactement à l'endroit de la barrière de Clichy qui, à la fin du XVIIIe siècle, permettait de pénétrer dans Paris en franchissant le rempart qui l'encerclait. À la jonction de plusieurs arrondissements, c'est un vaste carrefour vibrant d'animation à toute heure du jour et une grande partie de la nuit. Un grand cinéma fondé en 1956 et plusieurs restaurants réputés y ont pignon sur rue.

Au centre, se dresse la statue du maréchal de Moncey, rappelant la rude bataille qu'il mena ici le 30 mars 1814. Au moment où le Premier Empire était près de s'effondrer, il se retrancha à la barrière de Clichy et, avec quelques centaines de soldats, tenta vaillamment – et vainement – d'interdire l'entrée de Paris à l'armée russe.

Autre « monument historique » de la place dans un genre beaucoup plus souriant : la brasserie Wepler, qui a célébré son centenaire en 1992. Cette vaste maison, continuellement pleine de vie, est le royaume de la bière et des fruits de mer. Fréquentée par les peintres (Modigliani, Utrillo...), elle a fait les beaux jours du romancier américain Henry Miller qui l'appelait « mon repaire favori », avant de séduire des cinéastes comme Truffaut et Chabrol.

The place de Clichy is exactly on the spot where the Clichy barrier used to be. At the end of the XVIIIth century, this barrier allowed entrance to Paris, crossing the ramparts which circled the city. At the junction of several arrondissements, it is a vast crossroads buzzing with activity at all hours of the day and a large part of the night as well. It also has a cinema founded in 1956 and several well established restaurants.

From the middle rises up a statue of Marshal de Moncey, reminding us of the difficult battle he fought here on the 30th March, 1814. At the time when the First Empire was ready to dissolve, he dug in at the Clichy barrier and, with a few hundred soldiers, bravely attempted, sadly in vain, to stop the Russian army entering into Paris.

Another « historic monument » of the square, in a lighter fashion, the brasserie Wepler which celebrated its centenary in 1992. This huge restaurant, continually full of life, is the kingdom of beer and seafood. Favourite haunt of painters (Modigliani, Utrillo...) it made American novelist Henry Miller a happy man, he called it « my favourite address », before attracting film-makers like Truffaut and Chabrol.

METROPOLITAIN

91 LA PLACE DES ABBESSES

« Aimer c'est du désordre… Alors aimons ! » Graffiti de Rue Meurt d'Art (2008).

« To love is havoc …So let's love! » Graffiti of Rue Meurt d'Art (2008).

Quand on part du boulevard de Clichy pour faire l'ascension de la butte Montmartre, la place des Abbesses est un premier palier. Formant un triangle garni de platanes, d'une fontaine Wallace et d'une sortie de métro Art nouveau signée d'Hector Guimard, elle ravit comme un décor de film. À sa pointe nord, le square Jehan-Rictus attire tous les amoureux de passage : ils vont regarder le « mur des je t'aime », vaste surface de lave bleue où les mots « je t'aime » sont écrits en 311 langues différentes… sans compter les graffitis !
Les abbesses auxquelles se réfère le nom de la place étaient les Dames bénédictines de Montmartre qui, descendues du monastère établi en haut de la butte dès le Moyen Âge, avaient fondé ici, en 1667, un autre établissement alors appelé « l'abbaye d'en bas ». Ses bâtiments n'ont pas survécu à la Révolution.
Du côté sud, la rue des Abbesses, toujours très active, aligne un chapelet de petites boutiques qui encadrent la curieuse église Saint-Jean-de-Montmartre, construite de 1894 à 1904. Recouverte de briques et ornée de motifs en céramique, elle cache une armature en ciment armé très novatrice à l'époque. Reste l'esthétique, qui alimente une vieille controverse.

Leaving boulevard de Clichy to prepare the uphill walk to the Montmartre «hill», the place des Abbesses is the first stopping point. Forming a triangle and blessed with plane trees, a Wallace fountain and a magnificent Art Nouveau entrance to the métro station signed by Hector Guimard, this square looks like a delightful film set. On its northern tip the square Jehan-Rictus has become a pilgrimage for lovers, they come to be photographed in front of the « I love you » wall, a huge blue enamelled lava surface where the words « I love you » are written in 311 different languages… without counting the graffiti!
The abbesses to whom the name of the square refers, were the Benedictine « Ladies of Montmartre » who came down from the monastery established on the top of the hill from the Middle Ages onwards. They settled here and founded, in 1667, another establishment which became known as the « lower down abbey ». Its buildings did not survive the Revolution.
On the southern side, the rue des Abbesses, always very busy, has a row of small boutiques which surround the curious Saint-Jean-de-Montmartre church, built from 1894 to 1904. Covered in bricks and decorated with ceramic, it hides a coat of reinforced concrete which was very advanced for the period. Is it attractive? That has been a controversial subject for a long time now...

ABBESSES

Au Petit Montmartre

92 LE SACRÉ-CŒUR

« Vu de Paris, c'est une cime ; vu de près, c'est une pièce montée. » Pierre Lestringuez (1949).

« Seen from a distance it's a summit, seen from close up it is a cake decoration. » Pierre Lestringuez (1949).

Campée au sommet de la butte Montmartre, la basilique du Sacré-Cœur domine la capitale de ses coupoles blanches. Dessinée en forme de croix grecque, elle présente une architecture inspirée par une double tradition : romane et byzantine. Ce style n'a jamais fait l'unanimité, les uns la traitant de meringue prétentieuse, les autres la trouvant à la fois grandiose et exotique. Beaucoup de peintres – Maurice Utrillo en tête – en ont fait un ornement indispensable du paysage parisien.

Sa construction répond à un vœu, émis dès le début de la IIIe République par les partisans de « l'Ordre moral » : ériger un sanctuaire mémorable en expiation du sang versé par la Commune en 1871. Les fonds sont réunis grâce à une souscription nationale : dix millions de fidèles y contribuent. Le sol, fragilisé par des carrières souterraines, exige des travaux considérables, en particulier la pose de pilotis de béton. Le chantier, lancé en 1875, ne s'achève qu'en 1919 et la décoration intérieure se prolonge jusqu'en 1923.

Le parvis de la basilique est un saisissant belvédère. On y voit Paris à ses pieds, avec sa multitude de toits moutonnants et ses coupoles qui percent la brume ou scintillent sous le soleil.

Planted firmly on the top of the Montmartre hill, the basilica of Sacré-Cœur dominates the capital with its white domes. Laid out in the form of a Greek cross, it presents an architecture inspired by double traditions, Roman and Byzantine. Its style has never proved unanimous, some say it is a pretentious meringue, others find it spectacular and exotic. Many artists, starting with Maurice Utrillo, have made it a very important element of the Parisian landscape.

Its construction fulfilled a vow, made at the beginning of the IIIrd Republic by the followers of « Moral Order », to build a memorial sanctuary for atonement of the blood shed by the Commune in 1871. The funds were collected by national conscription, ten million believers contributed. The ground, weakened by underground quarries, needed considerable preparation for the foundations, in particular the laying of concrete stilts for support. The project, launched in 1875, would only be finished in 1919 and the inside decoration continued until 1923.

The parvis of the basilica is a striking panoramic viewpoint. You can see Paris spreading at your feet with its multitude of never-ending roofs and its domes piercing through the fog or shining in the sunlight.

93 L'AVENUE JUNOT

« Dans un grand immeuble de l'avenue Junot, il y avait une jeune fille prénommée Adélaïde, qui n'aimait que les hommes à barbe… » Marcel Aymé (1950).

« In a large apartment block in avenue Junot, there was a young girl named Adélaïde, who only like men with beards… » Marcel Aymé (1950).

Large et tranquille, l'avenue Junot dévale la pente de la Butte sur sa face nord, celle que les touristes oublient souvent mais que beaucoup d'amoureux de Montmartre préfèrent. Décrivant une longue courbe, elle laisse entrevoir des maisons bordées de jardinets et des passages privés rappelant l'époque où le quartier, encore rustique, était la patrie de la bohème artistique.

Au milieu du XIXe siècle, cette zone s'appelle « le Maquis » à cause des broussailles qui y poussent. Chiffonniers et marginaux s'y sont construit des baraques en planches. Plusieurs moulins font encore tourner leurs ailes, quelques guinguettes ouvrent déjà leurs portes. Premiers d'une longue liste, des peintres commencent à venir chercher des sujets de tableaux. Le Montmartre des impressionnistes s'apprête à voir le jour.

En 1910, quand on trace l'avenue Junot, le quartier s'urbanise un peu. Mais il garde son cachet villageois, notamment avec les ravissantes maisons de la villa Léandre, et attire une autre génération d'artistes : Tristan Tzara, créateur du dadaïsme, Poulbot, dessinateur des gamins de Montmartre, le peintre Gen Paul qui aime trinquer avec Marcel Aymé et Louis-Ferdinand Céline venus en voisins…

Wide and calm, avenue Junot swallows the slope of the Butte on its north side, a side which is often overlooked by tourists but that the real fans of Montmartre prefer. Drawn out in a long curve, it allows you to catch a glimpse of houses bordered by small gardens and private passages remiding us of the days when the district, still pastoral, was the homeland of artistic bohemians.

In the middle of the XIXth century, this area was known as « le Maquis » (scrubland) because of the undergrowth which prevaled here. The homeless and dropouts built wooden huts here. Several windmills still turned their arms, a few open air dance halls opened their doors. First on a long list of places, artists began to come here to search subjects for their paintings. The Montmartre of the impressionnists was dawning.

In 1910, when we follow avenue Junot, the area was becoming a little more urban. However it managed to keep its « small village charm », notably with the stunning houses of the Villa Léandre, and attracted another generation of artists, Tristan Tzara, creator of Dadaism, Poulbot, painter of the street urchins of Montmartre, artist Gen Paul who liked to raise a glass with neighbours Marcel Aymé and Louis-Ferdinand Céline…

94 LE CIMETIÈRE MONTMARTRE

« Que d'êtres chers il nous a déjà pris! » Théophile Gautier (1857).

« All our nearest and dearest, it has already taken them from us! » Théophile Gautier (1857).

À l'ouest de la Butte, on le découvre en prenant la rue Caulaincourt qui en franchit le coin sud sur un pont métallique. À moins d'y passer souvent, c'est une réelle surprise de survoler ainsi les tombes et les chapelles mortuaires, aperçues entre les croisillons du parapet. D'autant qu'avec un peu plus de 11 hectares le cimetière de Montmartre est le troisième de Paris par la superficie.

Longtemps des carrières de gypse ont été exploitées à cet endroit. Abandonnées au moment de la Révolution, elles ont alors servi de fosse commune et les corps de toutes sortes de victimes des émeutes y ont été entassés. Puis, en 1825, le terrain est aménagé en cimetière pour les habitants de Montmartre, commune alors indépendante de Paris.

Parmi les morts célèbres qui reposent ici, il y a bon nombre d'artistes : des poètes comme Théophile Gautier et Alfred de Vigny, des romanciers comme Stendhal et le prix Nobel Claude Simon, des musiciens comme Berlioz et Offenbach. Aux comédiens (Louis Jouvet, Jean-Claude Brialy...) se sont joints des cinéastes : Clouzot, Truffaut... Mais la tombe la plus spectaculaire et la plus visitée est celle de Dalida, qui vécut ses dernières années rue d'Orchampt à Montmartre.

To the west of the Butte, we can discover it by taking the rue Caulaincourt which crosses the southern corner under a metallic bridge. Unless you come here often, it is really surprising to fly over the tombs and mortuary chapels in this way, glimpsed between the lattice work of the parapet. Especially as, with a little over 11 hectares, the Montmartre cemetery is the third largest in Paris by its surface area.

For a long time the gypsum quarries were mined here. Abandoned at the time of Revolution, they were used as a mass grave and the bodies of all sorts of victims of the riots were piled up. Then, in 1825, the land was set out as a cemetary for the inhabitants of Montmartre, which was not yet part of Paris in those days.

Among the famous people buried here there is a large number of artists. Poets like Théophile Gautier and Alfred de Vigny, novelists like Stendhal and Nobel Prize winner Claude Simon, musicians like Berlioz and Offenbach. The actors (Louis Jouvet, Jean-Claude Brialy...) have been joined by film-makers, Clouzot, Truffaut... However the most spectacular and most visited is that of singer Dalida, who spent her latter years living in rue d'Orchampt in Montmartre.

FAMILLE D'AVESSENS

95 LE BASSIN ET LE PARC DE LA VILLETTE

« Paris est rejeté en dehors… Il n'existe plus qu'une eau vaste qui réclame le ciel pour elle. » Jules Romains (1914).

« Paris does not exist apart from this… The only thing that exists is a vast stretch of water which claims the sky for itself. » Jules Romains (1914).

Face à une belle rotonde construite en 1784 par Claude-Nicolas Ledoux pour servir d'octroi, le bassin de la Villette étale un vaste plan d'eau reliant le canal Saint-Martin à celui de l'Ourcq. Il y règne l'ambiance (très dépaysante) d'un port : canots et péniches y voguent sous un vol de mouettes.
Vers le nord-ouest, succédant aux abattoirs de la Villette, un parc de 55 hectares a été ouvert en 1986. Il est jalonné de prestigieuses structures culturelles : la Cité des sciences et de l'industrie, d'un côté, la grande halle de Baltard, de l'autre, enfin une grande salle de spectacles : le Zénith.

Opposite an impressive rotunda, built in 1784 by Claude-Nicolas Ledoux to be used as an toll house, the basin of la Villette spreads over a vast stretch of water which joins the Saint-Martin canal to that of the Ourcq. The atmosphere here is that of a of a port and it has a holiday atmosphere, rowing boats and narrow boats drifting under a flight of seagulls.
To the north-west, after the abattoirs of la Villette, a park of 55 hectares was opened in 1986. It has many prestigious cultural structures, the City of Sciences and Industry on one side, the large hall of Baltard on the other and, finally, a large concert hall, le Zénith.

96 LA GÉODE

« Ce que nous demandons au cinéma,
c'est ce que l'amour et la vie nous refusent :
c'est le mystère, c'est le miracle. »
Robert Desnos (1927).

« What we ask of cinema is what love and
life refuse us, it's a mystery, it's a miracle. »
Robert Desnos (1927).

Près de la Cité des sciences et de l'industrie, dont elle dépend, la Géode est une colossale bille d'acier poli, posée sur l'eau d'un bassin et reflétant le ciel sur sa surface miroitante. À l'intérieur, une fabuleuse salle de cinéma possède un écran hémisphérique de 1 000 m², un des plus grands du monde.
Inaugurée en 1985, cette salle à sensations ne programme que des films conçus dans le format IMAX. Voyages, science-fiction, effets spéciaux, événements exceptionnels : les sujets ont en commun de donner au spectateur l'impression de vivre en apesanteur ou d'être entraîné dans un autre univers.

Near to the City of Sciences and Industry, on whom it depends, the Géode is a colossal globe of polished steel, sitting on the water of a basin and reflecting the sky in its mirrored surface. Inside, a fabulous cinema with its hemispheric screen of 1,000 m², one of the biggest in the world.
Inaugurated in 1985, this « living cinema » only features films made in the IMAX format. Voyages, science fiction, special effects, exceptional events, the subjects all have one thing in common, they give the spectator the impression of a floating experience or of being taken to another universe.

97 LA CITÉ DE LA MUSIQUE

« La musique creuse le ciel. » Charles Baudelaire (1851).

« Music hollows the sky. » Charles Baudelaire (1851).

Égayant la porte de Pantin de sa masse blanche et ludique, la Cité de la musique est un ample complexe culturel qui occupe l'angle sud-est du parc de la Villette. Sa réalisation, terminée en 1995, est une des plus réussies de l'architecte Christian de Portzamparc.
Ici, pas de « grande musique » qui serait distinguée des autres formes musicales : toutes y sont pareillement à l'honneur, traitées avec le même soin et le même enthousiasme. Une salle de concert et un amphithéâtre y sont au service de la musique vivante ; un centre de documentation et des ateliers en permettent l'étude, tandis que des espaces d'exposition présentent d'illustres figures du passé : Georges Brassens, Pink Floyd, Frédéric Chopin…
La partie peut-être la plus originale consiste en un musée doté d'une belle collection d'instruments échelonnés du XVIIe siècle à nos jours. Qu'il s'agisse d'une guitare ancienne, d'un saxophone de jazz ou des premiers accordéons romantiques, un casque sur les oreilles en fait entendre le son. Précisément, le miracle de la musique émane de ces humbles objets de bois ou de métal…
Inutile d'en dire plus : « La musique commence là où s'arrête le pouvoir des mots », assurait Richard Wagner.

Making the porte de Pantin brighter with its playful white structure, the City of Music is a large cultural complex which occupies the south-east corner of the parc de la Villette. Its creation, finished in 1995, is one of the most successful of architect Christian de Portzamparc.
Here, there is no « grand music » distinguished from other musical, all styles are honoured equally, treated with the same care and the same enthusiasm. A concert hall and an amphitheatre exist for live music, a centre of documentation and workshops for studies, while the exhibition areas present famous musicians from the past, Georges Brassens, Pink Floyd, Frédéric Chopin…
Perhaps the most original part consists of a museum boasting a magnificent collection of instruments dating from the XVIIth century to modern day. Whether it is an ancient guitar, a jazz saxophone or the first romantic accordeons which interest you, by putting on headphones you can listen to their sound. With precision, the miracle of music emanates from these humble objects of wood or metal…Pointless saying anything else, *« Music begins there where the power of words ends »*, assured us Richard Wagner.

CITE DE LA MUSIQUE
EXPOSITION
MUSIQUE
&CINÉMA

98 LE PARC DES BUTTES-CHAUMONT

« Ce parc où est niché l'inconscient de la ville... » Louis Aragon (1926).

« The park where the subconcious of the city is tucked away... » Louis Aragon (1926).

Sur près de 25 hectares, le parc des Buttes-Chaumont est le plus varié et le plus pittoresque des grands jardins publics de Paris. Autour d'un lac lui-même pourvu d'une île escarpée, un écheveau d'allées capricieuses escalade des pentes, franchit des ponts et contourne des rochers. Une promenade le nez au vent, parmi les grands arbres, fait si bien oublier la proximité de Paris qu'on n'en perçoit même plus la rumeur.

Pendant longtemps, ce terrain a été creusé et bouleversé par des carrières de pierre meulière et de gypse ; ce dernier matériau servait à fabriquer le plâtre et s'exportait jusqu'en Amérique. Quand commencent les travaux d'aménagement du parc, en 1864, l'ingénieur Alphand tire parti de ce relief contrasté et de ses forts dénivelés. Il y crée tout un réseau hydraulique : trois ruisseaux, un lac artificiel, une cascade de 32 mètres de haut... Eiffel construit l'un des ponts, Davioud érige un petit temple rond qui, juché au sommet de l'île, imite l'antique temple de Vesta à Tivoli, près de Rome.

Avec ses trois restaurants et ses deux théâtres de Guignol, les Buttes-Chaumont constituent un monde à part. Les oiseaux, qui le savent bien, en sont devenus les hôtes les plus assidus.

Spread over almost 25 hectares, the Buttes-Chaumont park is the most varied and picturesque of the large public gardens of Paris. Around a lake which has its own steep island, a maze of capricious alleys climbing the slopes, crossing bridges and going around rocks. A random stroll among the large trees helps you to forget how close you are to Paris, so much so that you can hardly hear the distant noise.

For a long time, this land was dug out and disrupted by the quarries of burstone and gypsum, the second used to make plaster which was exported as far as America. When the task of laying out the park began, in 1864, engineer Alphand made a feature of this contrasting relief and height differences. He created a hydraulic network, three rivers, an artificial lake, a waterfall of 32 metres high... Eiffel built one of the bridges, Davioud erected a small round temple which, perched on the summit of the island, imitates the antique temple of Vesta in Tivoli, near to Rome.

With its three restaurants and its two puppet theatres, Buttes-Chaumont is a world apart.The birds, who realise this, have become its most regular inhabitants.

99 LE CIMETIÈRE DU PÈRE-LACHAISE

« Le Père-Lachaise est d'une beauté intacte, protégée contre le commerce et la mode. » Éric Hazan (2002).

« Père-Lachaise is of an intact beauty, protected from commerce and fashion. » Éric Hazan (2002).

Voici le site le plus romantique de Paris, avec ses pentes abruptes où les tombeaux sont disposés en amphithéâtre, ses grands arbres dont les racines bousculent les sépultures abandonnées, ses allées sinueuses flanquées de chapelles, hantées de statues... À la fois parc public et musée en plein air, le cimetière du Père Lachaise (44 hectares) est le plus vaste de Paris.
Au Moyen Âge, c'est une colline où pousse la vigne. Au XVIIe siècle, les jésuites y bâtissent une maison où vit le Père François de La Chaise, confesseur de Louis XIV. La propriété devient cimetière en 1804. D'abord dédaigné par les Parisiens, le lieu est adopté après le transfert des restes de célébrités comme Molière et La Fontaine. Ce n'est pas un hasard si, en 1834, Balzac y situe la fameuse scène du *Père Goriot* où Rastignac défie Paris : « À nous deux maintenant ! ».
Les mausolées anciens sont souvent curieux : tumulus, pyramides, obélisques... Les maréchaux d'Empire ont des monuments impressionnants. Alfred de Musset repose sous le saule pleureur qu'il avait demandé. La foule vient en pèlerinage devant les tombes d'Oscar Wilde et de Jim Morrison. Décidément très animée, cette cité des morts est aussi très photogénique.

This is the most romantic site of Paris, with its sharp slopes where the tombs are set out like an amphitheatre, its tall trees, whose roots wind around the abandoned sepulchres, its sinuous alleys flanked by chapels, haunted by statues...At the same time a public park and an open air museum, the cemetery of Père Lachaise (44 hectares) is the largest in Paris.
During the Middle Ages this was a hillside where grapes were grown. In the XVIIth century, the Jesuits built a house here which was lived in by Père (Father) François de La Chaise, confessor of Louis XIV. The property became a cemetery in 1804. At first scorned by the Parisians, it was rapidly adopted after the mortal remains of celebrities such as Molière and La Fontaine were transferred here. It was not by chance that, in 1834, Balzac set the famous scene of *Père Goriot* where Rastignac defied Paris: *« To the two of us now! »*.
The ancient mausoleums are often very curious, burial mounds, pyramids, obelisks... The Marshalls of the Empire have very impressive monuments. Alfred de Musset rests under the weeping willow he requested. Crowds come as a pilgrimage to the tombs of Oscar Wilde and Jim Morrison. Effectively very animated, this city of the dead is also very photogenic.

SÉPULTURE

CHEMIN
DU BASSIN
20e DIVISION

100 LE PARC DE BELLEVILLE

« À Belleville l'histoire se conjugue au présent. » Claire Reverchon (2002).

« In Belleville history conjugates in the present. » Claire Reverchon (2002).

Naguère truffé de vieilles masures, le coteau de Belleville s'est métamorphosé, en partie grâce au parc de 45 000 m² ouvert en 1988. Planté de 1 200 arbres, traversé par les ricochets d'une cascade, ce vaste espace bénéficie d'une somptueuse vue panoramique. Le haut de Belleville, culminant à 108 mètres du côté de la rue des Envierges, permet en effet de voir Paris s'étaler comme une mer intérieure jusqu'à l'horizon.

Ce lointain faubourg a été longtemps connu pour ses guinguettes, où l'on servait de la « piquette », vin local ainsi nommé parce qu'étant pétillant, il « picotait » la langue. Au XIXe siècle, ce lieu s'appela la « Courtille ». Des tavernes populaires attiraient une clientèle qui buvait sec et dansait le quadrille. Le mercredi des Cendres, masques et travestis s'y réunissaient pour la « descente de la Courtille », moment fort du carnaval de Paris.

Aujourd'hui, quelques dizaines de plants de vigne ont symboliquement pris place au sein du parc, clin d'œil aux vendanges et aux fêtes de jadis. Plus sérieuse, notre époque a installé une Maison de l'air, qui informe le public sur la qualité de l'atmosphère. Mais, quoi qu'il advienne, la vie est belle sur les cimes de Belleville !

Formerly filled with old hovels, the hill of Belleville has been transformed, partly thanks to a park of 45,000 m² opened in 1988. Planted with 1,200 trees, with the sounds of water falling from the cascade, this vast area benefits from a magnificent panoramic view. The highest point of Belleville culminates at 108 metres on the rue des Envierges side, allowing you to view Paris spread out like an interior sea as far as the horizon.

This far away district was known for a long time for its open air dancing and drinking halls, where they served a local wine which was sparkling and prickled on the tongue. In the XIXth century, this place was known as « Courtille ». Rowdy taverns attracted a clientele of heavy drinkers who enjoyed square dancing. On Ash Wednesday, masks and fancy dress got together for the « Courtille Parade », an important moment of the Paris Carnaval.

Today, several dozen vines have symbolically taken their place in the heart of the park, a reminder of the harvest and celebrations of days gone by. On a more serious note, there has been a modern day installation of the House of Air, which informs the public of the quality of the atmosphere. But, whatever happens, life is beautiful on the peaks of Belleville!

Index / Index

A

B

C

CRÉDITS/
CREDITS

Toutes les photos sont de Bernard Ladoux, sauf/All the photos are by Bernard Ladoux except :
p. 19 : Jacques Guillard
p. 39 : RMN

Direction d'édition : Thierry Lamarre
Édition : Adeline Lobut
Textes : Francis Lecompte
Photographies : Bernard Ladoux
Traduction : Jill Bird
Correction-révision : Sabine Boulanger
Conception graphique, mise en pages et couverture : Either studio

Éditions Massin
Publiées par Société d'Information et de Créations - SIC
Une société de Marie Claire Album
10, bd des Frères-Voisin 92792 Issy-Les-Moulineaux CEDEX 9 - France
Tél. : 01 41 46 88 88
RCS Nanterre 302 114 509
SARL au capital de 3.822.000 euros

ISBN : 978-2-7072-0837-8
N° Éditeur : 38369
Imprimé par G. Canale & C., Bucarest, Roumanie
Dépôt légal : octobre 2013

www.massin.fr